다음 세대를 생각하는
인문교양 시리즈

다음 세대를 생각하는
인문교양 시리즈

아우름
52

메타버스 세상의 주인공들에게

우리가 만나게 될 새로운 미래 　　　　이상근 지음

샘터

왜 지금, 메타버스인가

시대가 변하고 있습니다. 디지털 대전환의 시대를 맞이하여 기존의 관념과 도덕마저도 새롭게 재정립되어 가고 있습니다. 이를 지켜보노라면 역사의 소용돌이가 눈앞에서 휘몰아치고 있다는 느낌마저 받습니다.

1980년대 중국의 개혁·개방은 수요의 시대에서 공급의 시대로의 전환을 가져왔고, 최근 코로나 팬데믹으로 인해 컨택트 시대에서 언택트 시대로 전환되었습니다. 이에 소통의 공간도 온라인 게임이라는 보이지 않는 손에 의해 급속하게 오프라인에서 온라인으로 재편되고 있습니다. 그와 더불어 '메타버스'라는 말이 시대의 화두로 떠올랐습니다.

'메타버스'라는 이름으로
불리는 세상

메타버스가 처음 등장한 것은 미국 공상과학 소설의 작가인 닐 스티븐슨Neal Stephenson이 1992년에 발표한 소설 《스노 크래시Snow Crash》에서입니다. 소설의 주인공 히로는 피자 배달원으로 일하고 있지만 가상 세계에선 세계 제일의 검객으로 활동합니다. 다음은 소설에서 처음 '메타버스'가 언급되는 대목입니다.

> "그렇게 되면 히로는 이 자리에 있는 것이 아니었다. 그는 컴퓨터가 만들어 내서 그의 고글과 이어폰에 계속 공급해 주는 가상의 세계에 들어가게 되는 것이었다. 컴퓨터 용어로는 '메타버스'라는 이름으로 불리는 세상이었다."

이 소설에 영향을 받아 나도 우리나라 최초로 메타버스에 관한 연구를 수행하였고, 두 편의 논물을 해외 학술지에 싣게 되었습니다. 2012년 발표한 첫 번째 논문은 아바타에 대한 연구였는데, 현실의 '나'와 메타버스상의 '아바타'가 갖는

● 메타버스라는 개념이 처음 등장한 닐 스티븐슨의
소설《스노 크래시》.

동일성이 높아지게 되면 메타버스 세계에서 신뢰와 자기효
능감이 증가하여 이용자가 지속적으로 메타버스에 방문하
게 된다는 결론을 얻었습니다. 이듬해 발표한 논문에서는 메
타버스상에서 이용자들이 보이는 공격성이 현실 세계에 어
떠한 영향을 미치는지에 대한 매커니즘을 규명하였습니다.

이에 대해서는 본문에서 더 자세히 설명할 예정입니다.

그렇게 연구를 계속해 오던 중 코로나 팬데믹이 발생했습니다. 갑자기 언택트 시대가 찾아왔고, 메타버스는 소통의 목마름을 해소하는 공간으로 우리의 일상으로 빠르게 침투하고 있습니다. 신문을 펼쳐도, TV 뉴스를 봐도 메타버스에 관한 기사들이 쏟아져 나오고 있고, 메타버스 세계가 가져올 변화에 대한 관심이 뜨겁습니다.

메타버스의
네 가지 영역

스티븐 스필버그 감독의 영화 〈레디 플레이어 원Ready Player One〉에 등장하는, 가상 세계와 현실 세계가 혼재된 혼합 세계는 이제 상상이 아닌 현실이 되었습니다. 2018년에 개봉한 이 영화는 2045년의 미래 시대를 배경으로 하여, '오아시스OASIS'라는 가상 현실 게임이 지배하고 있는 현실을 보여주고 있습니다.

영화 속 사람들은 지금 여러분이 아침에 일어나자마자 스마트폰을 확인하듯, 침대에서 눈을 뜨면 VR 기계를 통해 메타버스로 접속합니다. 이 메타버스 세계에서는 나이, 성별, 국적 등의 경계가 허물어지고, 아이템을 생산하고 사고파는 경제활동 또한 이루어집니다.

그렇다면 영화 속이 아닌 지금 우리의 생활 속에서 메타버스는 어디쯤 위치해 있을까요? 현재 메타버스는 크게 네 가지 영역으로 우리 사회에 자리 잡고 있습니다.

우선, '현실 세계의 판타지적 확장'이라 불리는 증강 현실 Augmented Reality은 현실 공간에 2D 또는 3D로 표현되는 가상의 물체를 겹쳐 보이게 하여 구현됩니다. 최근 삼성전자가 공개한 AR 글래스에 대한 콘셉트 영상을 보면, AR 글래스를 사용하면 어디서든 업무를 처리할 수 있고, 3D 홀로그램 Hologram을 통해 멀리 있는 사람과 가상 회의가 가능한 단계까지 진화되었음을 알 수 있습니다.

다음으로, 현실 세계 속 나의 일상적인 정보를 그대로 가상 공간에서 그려 내는 라이프 로깅Life logging은 여러분의 생활 속으로 깊이 들어와 있는 페이스북, 인스타그램 등의 소셜 미디어를 떠올리면 됩니다. 앞으로 이들은 보다 자기 자신을 직접적으로 드러내는 형태의 소셜 미디어로 진화할 것으로 예상됩니다. 페이스북은 가상 현실 커뮤니티인 '페이스북 호라이즌 월드Horizon World'의 베타 서비스를 출시해, 아바타를 통해 친구들이 바로 눈앞에 있는 것처럼 소통할 수 있는지를 테스트하고 있습니다.

앞서 언급한 증강 현실이 '현실 세계의 판타지적 확장'이라면, 거울 세계Mirror Worlds는 '현실 세계의 효율적 확장'이라 할 수 있습니다. 현실 세계를 있는 그대로 묘사하여 정보적으로 확장된 가상 세계로, 이제 거울 세계는 디지털 트윈Digital Twin 기술을 바탕으로 점점 현실 세계에 근접해 가고 있습니다. 실시간으로 현실의 데이터를 취득하고 분석 시뮬레이션을 수행합니다. 여러분의 가장 가까이에 있는 거울 세계의 예로는 카카오맵이나 네이버지도 등이 있습니다.

마지막으로, 가상 현실Virtual Reality은 현실과 완전히 다른 대안적 세계입니다. 가상 현실에서는 현실 세계의 인간이 자신의 아바타를 통해 경제적, 사회적 활동을 합니다. 앞에서 설명했던 영화 〈레디 플레이어 원〉의 오아시스가 바로 여기에 해당됩니다. 이와 유사한 게임은 지금 현실에서도 펼쳐지고 있습니다. 미국의 샌드박스 게임 '로블록스Roblox'는 높은 자유도와 사용자 간의 연결성을 바탕으로, 로블록스 스튜디오를 이용해 자신만의 게임을 만들 수 있고, 다른 사용자가 그 게임을 플레이하면 광고를 통해 가상 화폐 로벅스Robux를 벌 수 있습니다.

함께 메타버스에 탑승해
새로운 생태계를 준비합시다

이렇듯 메타버스 기술이 발달함에 따라 우리의 미래는 점차 현실과 가상의 벽이 허물어질 것으로 예상됩니다. 특히나 코로나 팬데믹이 전 인류를 덮치면서 가상 컨퍼런스, 가상 경매, 가상 콘서트 등 메타버스 서비스가 오프라인 활동을 점차 대체해 가고 있습니다. 그리고 MZ세대를 중심으로 이러한 움직임에 적극적으로 반응하고 있습니다.

메타버스상에서 MZ세대가 만들어낸 창작물은 아날로그 제품보다는 디지털 제품이 훨씬 많은데, 이러한 창작물의 소유권을 어떻게 인정할 것인지를 두고 최근 논쟁이 뜨겁습니다. 이에 많은 MZ세대들이 NFTNon-Fungible Token('대체 불가

METAVERSE

- 이제 메타버스를 통해 시공간의
  제약을 벗어난 새로운 경험, 지금껏
  겪어 보지 못한 다양성을 접하게 될
  것이다.

능한 토큰'이라는 뜻으로, 희소성을 갖는 디지털 자산을 대표하는 토큰)를 통해 창착물의 소유권을 인정받고자 하는 NFT 열풍을 일으키고 있습니다.

이제 우리는 메타버스를 통해 시공간의 제약을 벗어난 새로운 경험, 지금껏 경험하지 못했던 다양성을 접하게 될 것입니다. 그리고 코로나 팬데믹으로 인해 위축되었던 소셜 기능(소셜 네트워크 서비스를 이용할 수 있게 해 주는 기능) 또한 나이, 인별, 인종, 국적의 장벽을 뛰어넘어 그 어느 때보다 활성화될 것으로 보입니다.

물론 아직은 가야 할 길이 멉니다. 아직은 부족한 대중성, 사이버 폭력, 개인정보 보호 문제 등 해결해야 할 숙제들이 많이 남아 있지만, 새로운 미래를 열어 갈 혁신의 아이콘으로서 메타버스는 그 가능성이 무궁무진합니다. 그 미래의 주인공이 될 여러분도 함께 메타버스에 탑승하여 새로운 생태계를 준비하는 사람이 되었으면 합니다.

이상근

3장 **메타버스가 만드는
가상 경제와 새로운 기회**

1장

현실 속 메타버스, 어디까지 왔을까?

새로운 우주,
메타버스

○

메타버스란 '초월'이란 뜻의 Meta와 '세
계'라는 뜻의 Universe의 합성어로 현실
세계와 같은 사회, 경제, 문화적 활동이 이
뤄지는 3차원의 가상 세계를 말합니다.

버스를 기다릴 때나 지하철에 서 있을 때 여러분은 보통 뭘 하나요? 스마트폰으로 페이스북, 트위터, 인스타그램 같은 소셜 미디어에 접속해 줄곧 피드를 새로 고치며 다른 사람들은 뭘 하고 지내나 둘러보지 않나요? 낯선 곳에 가는 길이라면 구글 맵을 사용해 가려고 하는 장소의 정보를 미리 알아보았을 것입니다. 이렇듯 발 딛고 서 있는 곳이 어디든 스마트폰 하나만 있으면 언제든지 우리는 디지털 세계로 들어갈 수 있습니다.

최근 심심찮게 들리는 말로 '메타버스'가 있습니다. '대체 메타버스가 뭔데?' 싶은 친구도 있겠지만, 디지털 세계에 어느 정도 익숙한 친구라면 실은 이미 메타버스를 절반쯤 알고 있는 것이나 다름없습니다.

4차 산업 혁명을 이끌고 있는 메타버스Metaverse는 앞서 잠깐 설명했지만 1992년 닐 스티븐슨의 공상과학 소설《스노 크래시Snow Crash》에서 처음 등장한 개념입니다. '초월한', '넘어선'이란 뜻의 그리스어 Meta와 '세상'을 뜻하는 Universe의 합성어로 현실 세계와 같은 사회, 경제, 문화적 활동이 이뤄지는 3차원의 가상 세계를 의미합니다.

예를 들어, 자신의 아바타를 설정해 자유롭게 꾸미고 다른 사람들과 소통하며 놀 수 있는 '네이버 제페토ZEPETO', 동물 캐릭터를 통해 가상의 마을에서 게임을 하는 '동물의 숲', 가상의 회의실을 제공하는 '페이스북 호라이즌 워크룸Horizon Workrooms' 등이 메타버스를 활용한 것이라고 할 수 있습니다.

메타버스의 4가지 유형

일반적으로 메타버스는 구현되는 공간(증강 환경/가상 환경)과 정보 유형(외부/내부)에 따라 라이프 로깅Life logging, 거울 세계Mirror Worlds, 증강 현실Augmented Reality, AR, 가상 현실 Virtual Reality, VR 이렇게 4가지로 분류합니다.

증강
Augmentation

증강 현실
Augmented Reality

라이프 로깅
Life logging

외부
External

내부
Intimate

거울 세계
Mirror Worlds

가상 세계
Virtual Reality

가상
Simulation

좀 더 구체적으로 설명하면 다음과 같습니다.

먼저 라이프 로깅은 현실에서 겪은 다양한 경험과 정보를 디지털 플랫폼에 기록하여 저장, 공유하는 활동을 가리킵니다. 대표적인 예는 소셜 네트워크 서비스SNS입니다. 페이스북, 인스타그램, 트위터, 유튜브 등과 같은 서비스는 우리의 일상을 제2의 플랫폼에 새롭게 공유할 수 있게 해주며, 이용자는 경우에 따라 '부캐(부캐릭터)'처럼 현실과는 전혀 다른 자아 혹은 여러 개의 정체성을 플랫폼 내에 형성하기도 합니다.

다음으로 거울 세계는 실제 세계의 모습, 정보 등을 디지털 세계에 복사하듯 가져와 만든 메타버스입니다. 현실을 마치 거울처럼 구현한 디지털 플랫폼에다 디지털의 효율성과 확장성을 더해 사용자에게 새로운 경험을 선사합니다.

거울 세계의 대표적인 예는 구글 맵입니다. 뒤에 다시 설명하겠지만, 구글 맵은 현실 세계의 지리적 형태를 애플리케이션이라는 가상 공간에 구현한 것으로, 구현된 모습은 현실 세계와 일치하면서 교통편 추천, 주변 시설 정보 등을 제공하여 사용자의 편의를 증가시킵니다.

메타버스 내 증강 현실이란 현실 세계를 기반으로 가상의 이미지, 세계관을 겹쳐 제공하는 서비스 혹은 기술을 말합니다. AR카메라 앱 스노우SNOW의 3D 카메라 필터를 사용해 본 적 있다면 좀 더 쉽게 이해가 될 것입니다. 내 얼굴(혹은 내 사진)이라는 실제 세계에 다양한 가상 필터 이미지를 덧입히면 순정만화 속 주인공, 디즈니 만화의 등장인물이 되어 볼 수도 있습니다.

마지막으로 가상 현실은 플랫폼 내 구현된 세계에 접속하여 실제와 같은 체험을 할 수 있도록 하는 기술 및 서비스입니다. 현실 세계 이미지와 완전히 단절된 가상 콘텐츠로만 구현된다는 점에서 현실 세계의 이미지가 공존하는 증강 현실AR과는 구분됩니다.

영화 〈레디 플레이어 원〉에서 주인공 웨이드 와츠는 현실 세계에서는 별 볼 일 없는 인생이지만 '오아시스'라는 가상 환경에서는 뛰어난 전사로서 세상을 구해 냅니다. 이렇듯 현실 세계와 아예 다른 차원의 공간을 제공하는 것이 VR, 가상 현실입니다.

이제는
메타버스의 시간

미국의 가상 현실 플랫폼 로블록스_{Roblox}는 미국 청소년들이 가장 많이 사용하는 앱으로 2020년 한 해 동안 기업의 가치가 7배나 올랐습니다. 페이스북, 애플, 구글 등 세계 굴지의 IT 기업들도 메타버스를 활용한 사업을 시작하고 있습니다. 시시각각 바뀌는 미래의 모습을 단정할 수는 없지만, 메타버스가 이미 우리 삶에 스며들고 있는 것은 분명합니다.

머지않아 우리는 방 안에 누워 VR 헤드기어를 착용한 채 (더 나아가, 헤드기어의 도움 없이도!) 가상 공간의 회사에 출근하거나 학교에 등교하는 일이 더욱더 자연스러워질 것입니다.

GPU 제조회사인 엔비디아_{NVIDIA}의 최고경영자인 젠슨 황_{Jensen Huang}은 "미래의 메타버스는 현실과 아주 비슷할 것이고 〈스노 크래시〉처럼 인간 아바타와 AI가 그 안에서 같이 지낼 것"이라고 말했습니다. 어때요? 그 모습이 그려지지 않나요?

이제, 메타버스의 시간입니다.

● 미국의 10대들이 가장 좋아하는
메타버스 플랫폼, 로블록스.
©Roblox

코로나
팬데믹이 이끈
메타버스 세상

○

아이템 거래, 콘텐츠나 편의 제공, 간접 광
고 등 어떤 종류의 비즈니스 모델이 정착
되든 메타버스는 꾸준히 성장할 것입니다.
그 자체로 매력적인 놀이 공간이기 때문입
니다.

전화위복轉禍爲福이라는 고사성어를 들어 본 적이 있나요? 화가 바뀌어 오히려 복이 된다는 뜻으로, 위기가 오히려 기회가 될 수 있음을 말합니다. 개인적으로는 코로나 바이러스로 인한 팬데믹 상황에서 메타버스가 가장 '뜨거운' 기술로 각광받고 있는 지금의 상황과 가장 잘 맞는 표현이 아닐까 생각합니다. '비대면'이 일상이 된 지금이야말로 메타버스가 보다 많은 사용자들을 끌어들일 수 있는 절호의 기회이기 때문입니다. 그런데 위기가 기회가 될 수 있다면, 기회가 위기도 될 수 있지 않을까요?

많은 사람들이 팬데믹으로 인한 비대면 상황을 메타버스

성장 가능성의 주요한 요인으로 꼽는다는 건, 반대로 생각하면 '코로나가 종식되고 대면 상황이 다시 일상화되었을 때도 메타버스가 지속적으로 성장할 수 있을까'라는 질문도 가능하다는 것이니까요.

따라서 메타버스의 미래를 예측하기 위해서는 단순히 성공할 것이냐, 실패할 것이냐보다는 그 핵심 비즈니스 모델이 어떻게 변화할 것인가라는 보다 장기적인 관점에서의 접근이 필요합니다.

메타버스의
성공 조건

현재 메타버스 시장은 도입 초기인 만큼 다양한 비즈니스 모델이 제시되고 있습니다. 우선 메타버스를 활용한 비즈니스 모델이 성공하기 위해서는 '콘텐츠', '커뮤니티', '수익 창출'이 필수 조건이라고 봅니다. 이제부터 하나하나 찬찬히 살펴보겠습니다.

먼저 콘텐츠는 메타버스 사업에서 가장 근본적이고 중요

한 요소라 할 수 있습니다. 메타버스의 타깃 사용자가 MZ세대이기 때문인데요. MZ세대는 소셜 미디어를 왕성하게 이용하고 밈Meme(인터넷에서 빠르게 전파되는 2차 창작물)을 누구보다 재빨리 공유하는, "잠시라도 지루하고 싶지 않은" 세대입니다. 따라서 새로운 콘텐츠의 끊임없는 공급은 메타버스 사업의 필수적인 덕목이라 할 수 있습니다.

두 번째로 '커뮤니티'입니다. 메타버스는 다른 사용자들과 상호 작용을 할 수 있어야 합니다. 근래 메타버스가 성장한 배경도 코로나 바이러스의 유행으로 대면 만남이 단절된 상황에서 메타버스가 사람들에게 새로운 소통 창구의 역할을 했기 때문입니다. 메타버스 서비스 내에서 타인과의 '연결'은 필수적입니다.

마지막으로 '수익 창출'입니다. 수익 창출을 기대할 수 없다면 어떠한 사업이든 벌일 이유는 없을 것입니다. 특히 메타버스를 활용한 비즈니스 모델에서 수익화란 기업뿐만 아니라 메타버스 서비스를 사용하는 모든 주체의 수익 창출을 의미합니다. 서비스의 확장을 고려할 때에도 수익 창출은 매우 중요합니다.

메타버스로 어떻게
수익을 창출할 수 있을까

그렇다면 기존의 메타버스 비즈니스 모델은 어떠했을까요? 여러분도 접해 보았을 가능성이 높은 네이버의 '제페토 ZEPETO'를 예를 들어 보죠. 사용자가 제페토에 입장해 자신만의 아바타를 만들고 나면 일정한 금액의 게임 코인을 환영금으로 지급받습니다. 이 코인으로 아바타를 꾸미는 다양한 아이템을 살 수 있죠. 점점 사용자들이 자신의 아바타를 더욱 매력적으로 꾸미기 위해 현실의 돈으로 메타버스 내 코인을 추가로 구입하는 경우가 많아지자, 메타버스 내 아이템 개발 위주로 주요 비즈니스 모델이 구축되었습니다.

게임 콘텐츠 말고도 새로운 형태의 콘텐츠들이 속속 개발되면서 메타버스 비즈니스 모델은 점차 다양해졌습니다. 그중 하나가 바로 메타버스 공간이 실제 업무 공간의 대안으로 제시되고 있는 것입니다. 대표적인 예로 페이스북의 호라이즌 워크룸을 들 수 있습니다. 호라이즌은 보다 입체적이고 실제적인 가상 회의실을 개발하여 제공하고 있는데, 특히 직장인들의 재택근무가 빈번해진 요즘, 그 어느 때보다 매우

● 메타버스상의 가상 회의실 페이스북 호라이즌 워크룸.

좋은 호응을 얻고 있습니다.

많은 사람들이 가까운 미래에는 공유오피스, 스터디카페 등과 같은 오피스/기타 공간 대여 서비스가 가상에서 실제적인 경험을 선사하는 메타버스로 대체될 수 있을 것이라 전망하고 있으며, 이는 메타버스의 새로운 비즈니스 모델로 부상하고 있습니다.

다음으로, 간접 광고도 메타버스의 새로운 비즈니스 모델의 중요한 요소입니다. 기업의 입장에서 보면 파급력이 높은 메타버스를 활용해 소비자(사용자)에게 자사의 브랜드를 인식시킬 수 있기 때문입니다. 메타버스 이전에도 수많은 미디어 매체들이 광고를 통해 수익을 얻어 왔습니다.

TV, 라디오, 신문의 비즈니스 모델은 매체가 담고 있는 콘텐츠나 직접적 수입인 수신료(구독료)보다는 광고주의 광고 수입에 의존하고 있습니다. 비교적 최근에 등장한 상당수의 소셜 미디어도 광고에 의해 그 수익 구조가 유지되고 있는 상황입니다. 심지어 유튜브는 광고가 뜨지 않는 프리미엄 상품을 판매하고 있으며, 넷플릭스는 광고를 주요 수입원으로 활용하지 않는다는 점만으로 이슈가 되었습니다.

이런 점들로 미뤄 보아, 점차 메타버스 또한 플랫폼에 참여하는 기업들의 광고를 통해 수익 구조를 유지할 것이라 예측해 볼 수 있습니다. 실제로 많은 기업이 소비자들에게 다가가기 위한 유용한 매체로 메타버스를 주목하고 있습니다. 유명 디자이너 브랜드 구찌GUCCI는 제페토에서 버추얼 콜렉션을 선보인 바 있으며, 아바타를 위한 각종 패션 아이템을 내놓기도 했습니다. 현대자동차는 가상 공간에서 시승 체험 행사를 열기도 했고요.

이외에도 가상 공간에서의 콘서트나 게임 입장료 등의 콘텐츠 제공을 통한 비즈니스 모델과 암호 화폐 및 게임 코인

● 다양한 브랜드와의 컬래버레이션을 통해 아바타를 위한
  패션 아이템을 선보이는 제페토.
  (출처 : 인스타그램 zepeto.official)

머니의 거래 수단으로서의 비즈니스 모델을 생각해 볼 수 있습니다.

아이템의 상거래, 비즈니스 공간의 제공, 간접 광고, 콘텐츠 제공 등 어떤 종류의 비즈니스 모델이 정착되든 메타버스는 꾸준히 성장할 것입니다. 일정한 기술이 발전하면 그 이전의 상황으로 쉽게 돌아가지 않는 톱니 효과Rachet Effect도 있겠지만, 메타버스는 그 자체로 충분히 매력적인 놀이 공간이기 때문입니다.

싸이월드와
페이스북,
무엇이 달랐을까

○

한국을 대표하던 플랫폼 싸이월드는 사라
지고, 그 뒤 등장한 페이스북은 세계 시장
을 지배하고 있습니다. 무엇이 그 차이를
만들었으며, 우리는 거기서 무엇을 배워야
할까요?

앞에서 메타버스의 네 가지 종류를 설명하며 라이프 로깅을 소개한 바 있습니다. 기억나지 않는 친구들을 위해 다시 한번 설명하자면 라이프 로깅은 나의 일상적인 정보를 그대로 가상 공간에서 그려 내는 것으로, 여러분이 즐겨 하는 인스타그램, 틱톡 같은 소셜 미디어가 여기에 해당합니다.

얼마 전 〈놀면 뭐하니?〉라는 프로그램에서 싸이월드 감성을 소환하며 '도토리 페스티벌'을 하는 것을 보았습니다. 1980~90년대생에게 싸이월드는 여러분 세대의 SNS와 같은 것이었습니다. 당시 '싸이월드'와 더불어 '아이러브스쿨'

이란 사이트도 동창 찾기 서비스로 큰 인기를 얻었지요.

이 둘은 한국을 대표하는 플랫폼으로, 세계 유수의 경영대학에서 대표적인 성공 사례로 소개되었습니다. 하지만 지금은 완전히 잊히고 말았지요. 반면 그 이후에 생겨난 미국의 페이스북과 인스타그램은 세계 시장을 지배하고 있습니다. 싸이월드와 아이러브스쿨은 왜 성공을 이어 가지 못하고 실패하고 말았을까요?

1980~90년대 생들의 SNS, 싸이월드

1999년 8월 31일 오픈한 싸이월드는 카이스트 컴퓨터공학과 학생이었던 서광식이 개발한 것으로, 상업적으로 성공한 세계 최초의 플랫폼입니다. 그보다 앞선 1995년 미국에서 classmantes.com이 세계 최초로 SNS를 시작했지만 상업적으로 크게 성공하지는 못했습니다.

대부분 싸이월드 하면 '미니홈피'를 먼저 떠올립니다. 하지만 기획 당시 의도는 미니홈피가 아닌 '온라인 카페'와 같은 커뮤니티 서비스였다고 합니다. 싸이월드도 상용화 초기에는 그다지 이용자의 주목을 받지 못했지요. 그러다 프리챌이 커뮤니티 서비스를 유료화하면서, 그 많던 프리챌의 이용자들이 한순간에 싸이월드로 옮겨 가게 됩니다.

개발 초기 싸이월드의 경쟁 상대는 1990년 5월 오픈해 빠르게 성장 중이었던 '다음daum 카페'였습니다. 다음 카페가 다수의 사이버 모임을 지향했다면, 싸이월드는 소수의 친밀성 높은 모임으로 틈새를 공략했지요.

일례로 다음 카페에 HOT 대표 팬카페가 있다면, 싸이월드는 집 주변에서나 지인들 중 HOT를 좋아하는 사람들이 모이는 커뮤니티를 지향했습니다. 다음 카페에선 이용자가 너무 많아 구성원들이 커뮤니티 본연의 목적인 친목을 다지기 어려웠기에, 싸이월드는 오프라인에서 친분이 있는 지인들끼리 온라인 소모임을 만들어 소통하는 것을 목표로 했던 것입니다.

이러한 소모임을 원활하게 지원하기 위해 부가 기능으로 만든 것이 바로 '미니홈피'였습니다. 온라인 소모임을 만들려면 특정인을 초대해야 했는데, 아이디만으로는 누가 누군지 알기 어려웠습니다. 그래서 이용자의 프로필 기능을 강화

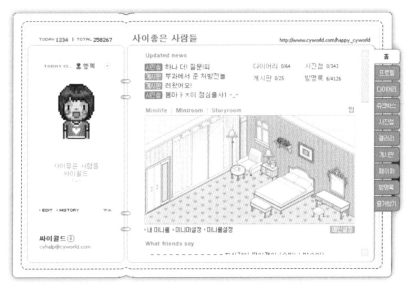

- 1980~90년대 생들에게 지금의 SNS 역할을 했던
  싸이월드 미니홈피.

할 필요성이 대두되었던 것이지요. 이렇듯 개인의 간단한 프로필과 사진이 올라와 있으면 초대하려는 상대를 쉽게 찾을 수 있을 거라는 아이디어에서 '미니홈피'가 만들어졌습니다.

그런데 당시 핸드폰이 널리 보급되고 '폰카' 열풍이 불면서 주객이 전도되는 상황이 벌어집니다. 커뮤니티 서비스의 보조 기능을 담당했던 '미니홈피'가 대열풍을 일으킨 것입니다. 이용자들은 매일 미니홈피에 접속해 자신의 소소한 일상을 기록하고 폰카로 사진을 찍어 올렸습니다. 그러면 친구들은 댓글을 달고 도토리를 통해 선물을 보냈습니다.

동창 찾기 열풍을 불러왔던
아이러브스쿨

한편 싸이월드의 교내 창업 소식을 접한 카이스트 대학원생 김영삼은 조금 다른 시각으로 사람을 연결하는 방법을 찾으려 했습니다. 그것은 바로 학연이었습니다. '동창 찾기'라는 아이디어를 현실화하기 위해 연구실 동기 세 명과 같이 초·중·고교 동창 커뮤니티를 개발하였고, 1999년 9월

'아이러브스쿨'을 오픈합니다. 아이러브스쿨은 출시하자마 선풍적인 인기를 끌었습니다.

아이러브스쿨에서는 졸업한 연도와 학교를 치면 같은 학교를 졸업한 학생들의 모임에 참여할 수 있었습니다. 예전에 헤어진 첫사랑을 만나는 양, 들뜬 기분으로 이 사이트를 방문했던 기억이 아직도 생생합니다. 온라인에서 만난 친구들은 오프라인에서 모임을 가졌고, 그것을 기록한 사진을 다시 온라인에 올렸습니다.

이렇듯 온·오프 모임이 활성화되었으나, 문제는 지속성이었습니다. 아무리 강력한 만남이었어도 시간이 지남에 따라 관심도가 떨어지게 마련이니까요.

문제는 여기서부터 시작됩니다. 회원 수가 늘어나고 조직 규모가 커지고 이해관계자들이 늘어나는데, 창업가들은 기존 이용자들이 지속적으로 방문하게 할 묘안을 준비하지 못했습니다.

나는 이를 '프로펠러의 저주'라 부릅니다. 20세기 초 혜성같이 등장해 하늘을 주름잡았던 프로펠러 비행기는 더 빠르고 강력한 제트엔진의 등장으로 40년 만에 뒤로 밀려나게 됩니다. 초기의 성공에 도취해 다음 단계를 준비하지 못하면 시장에서 도태될 수밖에 없는 것이지요.

이를 달리 표현하면, 두 플랫폼은 사람을 모으는 비즈니스 모델은 성공하였으나 이익을 창출하는 수익 모델에서는 그다지 위력을 발휘하지 못한 것입니다. 왜 이들은 돈을 벌지 못했던 것일까요? 두 사이트 모두 수익원인 광고가 없었습니다. 몰려든 이용자들을 활용해 수익을 창출할 뚜렷한 구상이 없었던 것입니다.

이용자들은 신이 났지만 이렇듯 빠른 성장은 트래픽의 급증을 불러왔고, 기존 투자금만으로는 늘어난 서버 비용을 감당할 수 없었습니다. 그때 야후 코리아가 창업자들에게 500억원에 아이러브스쿨을 인수하겠다는 제안을 합니다. 하지만 기존 주주들의 반대로 합병은 무산되고 맙니다.

**이제는
페이스북과 인스타그램의 세상**

싸이월드와 아이러브스쿨의 인기가 시들해질 즈음인 2005년, 혜성같이 나타난 플랫폼이 있습니다. 바로 페이

● 전 세계 시장을 지배하고 있는 페이스북과 인스타그램.

스북Facebook입니다. 페이스북의 창업자 마크 저커버그Mark Zuckerberg는 대학교 2학년 때인 2003년 10월 '페이스매시Facemash'라는 이름으로 SNS 서비스를 시작합니다. 그리고 2004년 2월 4일에는 '더 페이스북TheFaceBook'이란 이름으로 서비스를 개편하고, 2005년에는 '페이스북'으로 바꿉니다. 지금은 회사명을 '메타Meta'로 변경한 상태입니다.

페이스북은 초기에는 배타적인 대학생 커뮤니티로 출발했습니다. 처음에는 하버드 대학교의 학생들만 이용할 수 있었고, 이후 전미 대학교로 서비스 영역이 확대되었습니다. 2005년 9월에는 고등학생으로 대상을 확대했고, 2006년 9월부터는 13세만 넘으면 누구나 가입할 수 있게 했습니다.

2006년 야후Yahoo로부터 10억 달러의 인수 제안을 받지만 저커버그는 이를 거절합니다. 그리고 벤처 캐피털에서 2억 5000만 달러를 투자받아 계속 페이스북을 직접 운영하고 있습니다. 2020년 6월 기준으로 전 세계의 페이스북 이용자는 26억 명을 넘어섰습니다.

페이스북은 싸이월드의 '일촌 맺기'와 비슷한 형태인 '친구 맺기' 서비스를 제공합니다. '일촌 맺기'와 다른 점은 기존에 알고 지냈던 사람들뿐 아니라 생면부지의 사람과도 친구를 맺을 수 있다는 것입니다. 그리고 이들이 자연스럽게 대화할 수 있도록 메신저 기능도 제공합니다. 이로 인해 친구의 수가 증가하면서 자연스럽게 이용자들이 페이스북에 머무는 시간이 늘어났습니다.

또한 페이스북은 사진으로 일상을 전하는 MZ세대들이 주로 이용하는 인스타그램을 인수했고, 미국에서 가장 많이 사용하는 SNS 메신저 왓츠앱마저 거느리게 되었습니다.

싸이월드와 페이스북,
무엇이 달랐을까

싸이월드와 페이스북은 성장 전략이 달랐습니다. 싸이월드는 본연의 역할인 지인들 간의 소모임 커뮤니티에 충실했던 반면 페이스북은 수평적 통합을 통해 이용자들에게 지속적으로 자극을 제공함으로써 그 플랫폼에 오래 머무르게 하였습니다.

또한 국내에만 국한되지 않고 네트워크 효과를 최대한 발현하기 위해 다양한 외국어 서비스를 제공했습니다. 덕분에 외국에 있는 친구들과도 손쉽게 연결할 수 있게 되었고, 더 큰 네트워크가 가능해졌습니다. 네트워크 효과로 맺어진 친구들이 주고받는 메신저의 분석을 통해 이용자들에게 맞춤형 광고를 제공함으로써 새로운 수익 모델도 창출했지요.

이렇듯 페이스북은 플랫폼 비즈니스를 성공시키기 위해 본글로벌리제이션Born-Globalization과 글로컬리제이션 Glocalization 전략을 동시에 추구하였습니다. 말이 너무 어렵지요? 본글로벌리제이션이란 '태생적 글로벌화'라는 의미로 특정 나라만을 대상으로 서비스하는 것이 아니라 전 세계 시장을 타깃으로 서비스를 하는 것을 말합니다. 글로컬제이션이란 글로벌하게 서비스를 제공하면서도 각국에 맞는 현지화를 추구하는 것입니다. 이용자가 언어를 선택하게 하고, 다른 나라의 친구들이 자기 나라 말로 쓴 글을 번역해 주는 것이 그 예가 되겠지요.

　이 책을 읽는 여러분 중에 벤처 기업가를 꿈꾸는 친구가 있다면, 본글로벌리제이션과 글로컬리제이션을 항상 염두에 두길 바랍니다. 그래서 싸이월드와 같은 실수를 두 번 다시 범하지 않았으면 하는 것이 나의 바람입니다.

메타버스가
바꾸어 갈
우리 사회

-

노인을 위한 공공 서비스
'실버 월드'

○

메타버스는 우리 사회가 안고 있는 문제를 해결할 수 있는 대안이 될 수 있습니다. 실버 플랫폼을 통해 노인들의 니즈를 충족시키고 새로운 생활을 열어 준다면, 100세 시대의 삶을 더 풍요롭게 할 수 있을 것입니다.

우리 사회가 안고 있는 가장 큰 과제 중의 하나가 고령화 문제입니다. 통계청 자료(2020년)에 따르면, 우리나라의 65세 이상 고령 인구는 총인구의 15.7%에 달한다고 합니다. 그리고 2025년이 되면 20.3%를 돌파해 초고령 사회에 진입할 거라고 전망합니다. 그런데 이 문제를 해결할 실마리를 메타버스에서 찾을 수 있을지도 모르겠습니다. 노인들을 대상으로 '실버월드'라는 소통 플랫폼을 만들어 이 문제에 선제적으로 대응하는 것입니다.

사실 고령화가 문제가 되는 것은 경제적인 부분도 있지만, 관계의 단절에서 오는 외로움이나 고독의 문제도 큽니다. 메타버스 서비스를 통해 소통을 갈망하는 노인들에게 이러한 니즈를 충족시키고 새로운 생활을 열어 준다면, 100세 시대의 삶을 더 풍요롭게 할 수 있을 것입니다.

고령화 문제를 해결할 수 있는 대안, 실버월드

먼저, 노인들이 사용할 수 있는 SNS 플랫폼을 통해 사용자를 최대한 많이 확보하는 것이 중요합니다. '싸이월드'나 '페이스북'과 유사한 형태로 유아이_{UI, User Interface}를 구성하는 겁니다.

그러면 어르신들은 실버월드에 들어와 [홈피] 탭에서 가상 아바타로 자신의 모습을 꾸미고, [다이어리] 탭에 자신의 생각을 일기 혹은 기록 등의 형태로 공유할 수 있습니다. [사진] 탭에서는 자신의 일생의 사진들을 연도별, 장소별 등으로 정리해 아카이브로 저장할 수도 있겠지요.

[사람 찾기] 탭을 열어 어르신들이 일생 동안 만났었던 모든 인연들을 다시 만날 수 있게 해드리면 어떨까요? 같은 직

장을 다녔던 사람들을 만나게 해주는 [사우회] 서비스나 [사이버 동창회] 같은 것이 되겠지요. 지연, 혈연을 중시하는 특성을 고려해 '학교', '직장', '고향', '친지' 등의 모든 지인을 연결해 준다면, 사이버상에서 더 많은 사람들과 상호 소통할 수 있을 것입니다.

그리고 [여행] 탭에서는 VR기기를 통해 세계 각지에 있는 여행지들의 풍광, 소리, 바람, 냄새까지 보고 듣고 느끼게 합니다. [사람 찾기]로 인연을 맺은 여러 사람들과 메타버스 공간에서 동행하는 서비스를 제공한다면, 무력감과 외로움에 빠져 있는 어르신들의 삶에 큰 활력이 될 것입니다.

'실버월드' 플랫폼이 타 SNS와 다르게 차별화해야 할 점은 바로 '접근성'입니다. 아무래도 나이 지긋한 어르신의 경우, 새로운 기술이나 플랫폼에 취약하며 기존에 사용하던 익숙한 서비스만 이용하려는 특성이 있기 때문에, 유엑스UX, User Experience와 유아이UI를 최대한 간단하게 구성하여 보다 손쉽게 쓸 수 있도록 해야 합니다. 실버 플랫폼들은 사용의 편의성을 강화하기 위한 디자인이 무엇보다 중요합니다.

실버스쿨과 실버의료

'실버월드'에서 파생될 수 있는 다른 플랫폼이 있다면 교육과 의료가 아닐까요? '평생교육'이란 말을 들어 보았을 거예요. 여러분은 대학만 졸업하면 이놈의 지겨운 공부가 끝날 것 같지만 실은 그렇지 않답니다. 노령화 시대에는 다양한 지식을 접하고 외국어를 익히고 평소 해보고 싶었던 취미를 배우려는 교육 플랫폼의 요구가 증대할 거예요. 이를 '실버스쿨'이라 칭하겠습니다.

주위를 둘러보면 젊었을 때부터 배움에 갈증이 많았지만 먹고사느라 바빠 그럴 여유가 없었거나 노인대학 같은 곳에 나가고 싶어도 몸이 불편해 나갈 수 없는 어르신들이 많습니다. 또는 은퇴 후 남은 생을 어떻게 보내야 할지 모르겠다고 막막함을 호소하는 분들도 계시지요. 그런 분들을 실버스쿨로 불러모아 SNS를 넘어 메타버스 공간에서 소통과 교육을 실현하는 것입니다.

이러한 '실버스쿨'은 SNS 플랫폼 실버월드가 운영하는 서비스 형태로, 초기 수익 모델로 활용될 수 있습니다. 노인들이 실버스쿨을 통해 수강 신청을 하면, 실버스쿨은 교육 서비스를 제공하는 기업이나 개인에게 강의를 제공할 수 있는 '공간'을 마련해 주는 것입니다. 실버스쿨이 노인과 교육 서비스 제공자를 연결하는 플랫폼 역할을 하는 거지요.

노인들을 위한 교육 플랫폼인 실버스쿨은 공공재 형태로 운영되어야 한다고 생각합니다. 어르신들이 수강료를 '실버스쿨'에 지급하면, 플랫폼 운영에 필요한 비용을 제외한 나머지 금액은 교육 서비스 공급업체에 돌아가도록 하는 것입니다.

아무래도 노인들의 가장 큰 관심사는 '건강' 문제겠지요? '실버의료'는 건강과 관련된 서비스를 보다 편리하게 이용할 수 있도록 하는 플랫폼입니다. 원격 의료 서비스를 통해 육체적인 어려움이나 질병뿐 아니라 정신적인 문제까지 치료받고 관리받는 것입니다. 가족들에게 부담이 될까 봐 건강에 대한 고민이 있어도 제대로 표현하지 못하는 어르신들이 적지 않습니다. 그런 분들에게 메타버스 공간에서 다양한 의료 서비스를 제공함으로써 건강한 노년을 보낼 수 있도록 적극적으로 지원하는 것이 필요합니다.

이를 위해서는 혼자서도 건강 상태를 체크할 수 있는 다양한 의료기기의 개발도 요구됩니다. 또한 메타버스상의 의료

- 메타버스 실버 플랫폼은 100세 시대의
  삶을 더욱 풍요롭게 바꿀 수 있다.

서비스를 실현하기 위해서는 의료법 역시도 디지털 시대에 맞게 개정되어야 합니다.

실버월드의 홍보와

다양한 사업으로의 확장 가능성

'실버월드'를 조기에 구축하고 '실버스쿨'과 '실버의료'에서 제공되는 여러 서비스를 모든 노인정, 경로당, 주민자치센터 등에 홍보하는 일이 필요합니다. 어르신들이 메타버스 공간들에서 자유롭게 소통하고, 즐기는 모습을 널리 알림으로써 경로당과 주민자치센터에 강의나 교육 콘텐츠를 제공하는 민간 교육업체와 의료 종사자들이 공급자로 들어오도록 유도해야 합니다. 누구나 손쉽게 진입할 수 있도록 카카오톡, 라인, 밴드, 페이스북 같은 SNS 플랫폼에서 '실버월드', '실버스쿨', '실버의료'로 연동되게 하는 프로세스도 갖춰야 할 것입니다.

초기에 서비스를 구축하고 노인 유저들을 확보하고 나면, 다음 단계로는 다양한 사업 영역으로 확장해 나가야 합니다.

어르신들의 참여가 많아져 트래픽이 많이 쌓이게 된다면, 홀로 된 노인들의 이성 교제를 위한 데이팅 서비스나 노인들의 보험 보장을 위한 금융 서비스 혹은 건강식품이나 신선식품을 제공해 주는 쇼핑몰 등으로 사업 영역을 확대하는 것도 가능하리라 생각됩니다.

정년퇴직 후 사회생활을 마감하면서 무력감을 느끼는 노인 세대를 위한 플랫폼을 마련하고, 이들이 메타버스 공간을 잘 활용할 수 있도록 정책적으로 배려하는 일이 무엇보다 필요한 시대가 다가오고 있습니다. 이러한 실버 플랫폼이 실현된다면 메타버스가 공공 서비스에 적용되어 우리 사회를 변화시킨 대표적인 사례가 될 것입니다.

2장

메타버스가
열어 가는
또 다른 세상

디지털 공간 속에 복사된 현실, 거울 세계

○

디지털 트윈과 같은 거울 세계는 점차 우리의 일상에서 점점 영향력이 높아질 것이고, 거울 세계를 통해 축적한 디지털 자료는 우리나라의 미래 먹거리를 생산할 중요한 자원이 될 것입니다.

　　　　　2장에서는 메타버스로 즐기는 또 다른 세상들을 각각 하나씩 살펴보려고 합니다. 혹시 시간이 날 때마다 구글 맵Google Map에 들어가 보는 친구가 있나요? 내 방에 앉아서 지구 반대편에 있는 나라의 동네 풍경까지도 훤히 볼 수 있어서, 이리저리 움직이다 보면 시간 가는 줄 모르고 빠져들게 된답니다.

　지금으로부터 16년 전인 2005년 구글이 전 세계의 모습을 위성 사진으로 볼 수 있는 프로그램에 거액을 투자했을 때 모두가 의아해했습니다. 오늘날처럼 구글 어스Google Earth가 사용되리라고는 누구도 예상치 못했던 것입니다. 그리고

2013년 구글은 크롬 브라우저를 이용해 구글 맵을 열면 구글 어스의 3D 기능을 체험할 수 있도록 발전시켰습니다.

이는 새로운 비즈니스의 탄생으로 이어졌습니다. 내비게이션 기능에 실시간 교통상황 안내는 물론이요 주변에 있는 관광지나 명소의 위치와 사진(그 이전의 어떤 시점에 찍은)까지 올리도록 한 것입니다. 여기에 댓글도 달 수 있게 해, 과거부터 현재까지의 변천사도 표현하게 했습니다.

그리고 지도가 얼마나 정밀한지 엄청나게 가까운 거리까지 들여다볼 수 있습니다. 내가 예전에 유학하던 시절에 살았던 집까지도 정확히 찾아낼 수 있을 정도입니다. 집 앞에 주차돼 있던 차량 번호까지도 식별이 가능한 수준입니다. 거기서 더 나아가 '구글 스트리트뷰Google Street View'를 활용하면 주변 환경까지도 살펴볼 수 있습니다. 지금은 우리나라의 다음과 네이버도 이를 도입해 서비스를 제공하고 있지요.

구글 맵이 이용자에게 제공하는 서비스는 '길 찾기'에 그치지 않습니다. 가령 어떤 식당에 간 사람이 이용후기를 남길 경우, 위치정보를 활용해 그 식당에 일정 시간 머문 사람에게 댓글을 올릴 수 있는 권한을 부여합니다. 이로써 댓글

Google Earth

● 구글 어스와 구글 맵은 대표적 거울 세계다.

의 조작을 막을 뿐 아니라 보다 정확한 정보를 다른 사용자
들에게 제공함으로써 신뢰성을 높일 수 있습니다.

구글 맵은 식당뿐 아니라 전 세계 주요 여행지 및 주변 명
소, 쇼핑, 호텔 정보를 확인할 수 있는 토털 서비스를 제공하
고 있습니다. 이렇듯 실제 세계를 그대로 투영한 정보가 확
장된 가상 세계를 '거울 세계'라 부릅니다.

하나의 존재가 현실과 가상에 똑같이 존재하는
디지털 트윈

이러한 구글 맵을 한층 더 발전시킨 개념이 바로 '디지털 트윈Digital Twin'입니다. 이 개념은 2016년 GE(제너럴 일렉트릭)가 처음 제안한 개념으로 하나의 존재가 현실과 가상, 두 곳에 똑같이 존재하는 것을 말합니다. GE는 이미 세계 최초의 산업용 클라우드 기반 오픈 플랫폼인 '프레딕스Predix'를 론칭해 운영하고 있습니다.

이 플랫폼에선 80만 개에 달하는 디지털 트윈이 개발되어 모의시험이나 대규모 산업 데이터 관리 등에 활용되고 있습니다. GE는 최근 항공엔진 GE90에 디지털 트윈을 적용해 항공기 가동률을 향상시키고 불필요한 점검을 줄여 수천만 달러의 비용을 절감했으며, 이와 관련된 앱과 소프트웨어로 매년 막대한 수입을 올리고 있습니다.

설명이 잘 와 닿지 않나요? 디지털 트윈은 우리나라 자주 국방을 위해 항공모함을 건조하려고 할 때 유용하게 쓰일 기술입니다. 항공모함은 한 척당 건조 비용이 막대합니다. 만약 항공모함을 만들어 본 경험이 없다면 실패할 가능성이 높고 그 대가는 어마어마하게 크겠지요. 이때 디지털 트윈을 사용하면 실패 확률을 낮출 수 있습니다.

만약 영국의 엘리자베스 항공모함의 디지털 트윈이 있다면, 디지털 트윈을 구입해 설계에서부터 건조, 진수, 테스트까지 모의실험을 통해 사전에 점검해 보는 것입니다. 실패로 인한 막대한 손실을 막을 수 있을 뿐 아니라 항공모함 건조 시 생산성과 효율성을 극대화할 수 있는 기술이 바로 디지털 트윈입니다.

디지털 트윈이 활용될 수 있는 또 다른 예로는 기상 관측이 있습니다. 태풍의 규모에 따른 피해 정도를 예측하기 위해, 가상 세계에 실제 지형과 똑같은 공간을 세팅하고 테스트해 보면 경보의 수위를 조정할 수 있습니다. 또한 항공기가 비행하면서 겪게 되는 환경 정보를 수집해 디지털 트윈에 적용하면 환경이 항공기에 미치는 영향을 파악하고 기기 고장을 예측할 수 있습니다.

나아가 공장에서 가동되는 제품 공정을 디지털 트윈에 담아 반영시키면, 제품 공정상의 문제나 불량품 발생 정도를 실시간으로 알 수 있고 쌓인 데이터를 분석해 향후 최적의 운영을 할 수 있는 솔루션을 도출할 수 있을 것입니다.

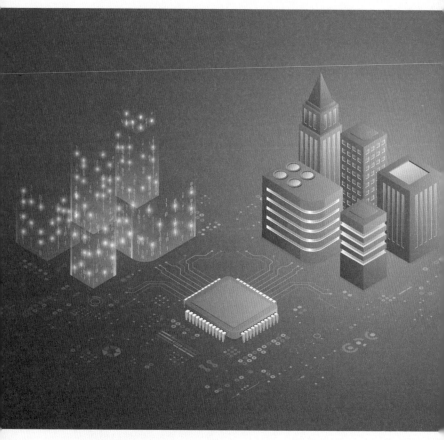

● 디지털 트윈은 가상 공간에 현실 속 사물의
   쌍둥이를 만들고, 현실에서 발생할 수 있는
   상황을 미리 시뮬레이션함으로써 결과를
   미리 예측하는 기술이다.

디지털 트윈 뱅크에서
미래 먹거리를 창조해야

최근에는 한국국토정보공사가 디지털 트윈 국토 시범사업을 처음으로 시작했습니다. 인천광역시, 제주특별자치도 등 총 10개 지역을 최종 선정하여, 국토와 동일한 가상 세계를 3차원으로 구현하여, 국토를 효율적으로 관리하고 지역별로 일어날 수 있는 다양한 도시·사회 문제를 맞춤형으로 해결하기 위한 솔루션 모델로 활용하고 있습니다.

이와 유사한 사업은 현재, 여러 나라에서 진행되고 있습니다. 싱가포르는 국가 전역에 존재하는 모든 건물, 도로, 구조물 등의 인프라와 인구, 날씨 등을 데이터화한 '버추어 싱가포르Virtual Singapore'를 구축하여 3D 도시를 통해 여러 프로젝트 계획을 공유하고 검토하고 있습니다. 이를 통해 교통 정체 등 시민의 불편을 최소화하는 한편, 긴급 재난상황 등에 대한 시뮬레이션을 진행해 안전 대책을 마련합니다.

이처럼 디지털 트윈과 같은 거울 세계는 점차 우리의 일상에서 점점 영향력이 높아질 것입니다. 앞으로 공공사업뿐만 아니라 민간의 영역까지 확대될 것이라 전망합니다. 천연자

원이 부족한 우리나라가 발전하기 위해서는 이러한 디지털 자원을 만들고 축적해야 할 필요가 있습니다. 구글이 검색 데이터의 추적으로 많은 이용자를 끌어모았듯, 우리도 디지털 트윈 뱅크를 만들어 자료를 축적하고 미래 먹거리를 창조해 나가야 합니다.

현실과 가상이
포개진 세계,
증강 현실

○

증강 현실의 적용 범위는 앞으로 더욱 확대
되고, 증강 현실 기기 또한 스마트폰처럼 대
중화되리라 예상됩니다. 따라서 사생활 침
해나 안전 문제 등 증강 현실이 초래할 여러
문제에 대한 적절한 대비가 필요합니다.

게임을 좋아하는 친구라면 증강 현실이란 말을 들어 본 적이 있을 거예요. 공상과학 영화 같은 곳에서 흔히 볼 수 있는데, HMD_{Head Mounted Device}와 같은 안경을 쓰고 무언가를 바라보면 바라보는 대상의 정보가 떠오르거나 HUD_{Head Up Device}를 활용해 전투기나 자동차 계기판에 필요한 정보를 유리에 표시하는 것이 대표적인 예입니다.

가상 현실이랑 비슷하게 느껴질지 모르지만, 가상 현실이 컴퓨터 안에 또 다른 현실을 구축하는 것이라면 증강 현실은 디바이스를 통해 현실 세계를 보완해 주는 기술입니다. 시각은 물론 청각, 촉각 등 여러 감각 양식을 통해 실제 세계에 있는 물체가 컴퓨터가 생성한 지각정보에 의해 보강되는 것을 증강 현실增强現實, Augmented Reality이라 칭합니다.

처음엔 장비나 통신 기술의 부족으로 그렇게 발달하진 못했어요. 그 대표적인 예가 QR코드예요. QR코드는 1994년 처음 개발되었습니다. 특수한 카메라 같은 걸로 인식하면 영상, 이미지 등을 보여 주었는데, 당시엔 이 코드를 읽을 수 있는 장치 자체가 구하기 어렵고 읽기도 불편해 많이 활용되지 못했지요.

하지만 이후 통신 기술과 스마트폰의 발달로 내장 카메라를 활용해 코드를 인식하고 인터넷으로 실시간으로 정보를 확인할 수 있게 되면서 다시 각광받고 있습니다. 요즘 같은 코로나 시대에 QR체크인이나 접종완료 확인에 사용되며 온 국민이 이용하게 되었지요.

이것 말고도 QR코드는 우리 일상에 널리 사용되고 있습니다. 이제는 여행을 하기 위해 기차나 고속버스를 탈 때 모바일 승차권을 이용합니다. 고속버스는 종이 승차권에도 QR코드가 추가되었지요. 춘천이나 강릉 등 일부 역에서는 QR코드를 찍어야 개찰구를 나갈 수 있답니다.

우리가 장 보러 가는 마트에서도 QR코드를 만날 수 있어

- 비행기표나 기차표 등 우리 일상에서
  널리 사용되고 있는 QR코드.

요. 예를 들어 딸기를 사서 포장지에 있는 QR코드를 스캔하면 생산지, 생산자의 이름과 재배, 유통 과정을 확인할 수 있어요. 이를 농산물 이력제라고 합니다. 계란이나 고기도 마찬가지지요. 실시간으로 생산 및 재배, 유통 과정을 공개함으로써 제품에 대한 신뢰를 심어 주는 것이랍니다.

증강 현실의 대명사, 포켓몬 고

여러분이 좋아하고 즐겨 하는 게임 중에 증강 현실의 대명사라 할 수 있는 것이 있습니다. 포켓몬 고Pokémon GO입니다. 이미 이 게임을 해본 친구도 있겠지만, 포켓몬 고는 특정 위치에 갔을 때 모바일 기기상에 출현하는 가상의 포켓몬을 포획하고 강화시켜, 대전하고 교환도 할 수 있는 게임입니다. 그로 인해 포켓몬이 자주 출현하는 장소에 사람들이 몰려들어 한동안 화제였지요.

포켓몬 고는 2014년 닌텐도의 이와타 사토루와 포켓몬 컴퍼니의 이시하라 스네카즈가 구글 맵과의 협업을 통해 구상

한 것입니다. 사용자가 카메라로 어딘가를 비추면 GPS 수신기를 통해 현재 위치의 경도와 위도가 파악되고, 자이로스코프 센서 등을 통해 기울기나 중력 값이 수집됩니다.

핸드폰 자체에 모든 정보를 담을 수는 없기에, 인터넷 서버로 들어가 GPS의 정보를 송신하고, 데이터베이스를 통해 알아낸 정보를 토대로 자료를 모아 다시 핸드폰으로 전송합니다. 이 데이터를 수신한 핸드폰은 그 자료를 토대로 현재의 정보와 매칭시켜 실시간 화면으로 보여 주는 것입니다. 이런 송수신 시스템을 유지함으로써 지역이나 건물 등의 모든 정보가 하나씩 카메라를 통해 액정으로 나타나는 것이랍니다. 참으로 신기하지요?

또 다른 형태의 증강 현실은 홀로그램Hologram입니다. 〈스타워즈〉, 〈마이너리티 리포트〉, 〈아이언맨〉 같은 SF 공상과학 영화에 단골로 등장하는 소재이기도 합니다. 홀로그램은 완전하다는 뜻의 'holos'와 그림이라는 뜻의 'gram'의 합성어입니다. 즉, '완벽한 그림'이란 뜻인데, 3차원 입체 영상의 최종적인 기술 형태라고 할 수 있습니다.

영화 속에선 간단해 보이지만 3차원 입체 영상 수준의 완벽한 홀로그램은 실제 현장에서는 구현하기가 쉽지 않습니

● 증강 현실의 대명사 '포켓몬 고' 게임.

다. 그래서 요즘 유행하는 K팝 스타들의 홀로그램 콘서트의 경우, 고해상도 프로젝터로 대형 투명막에 영상을 투사해 스크린 뒤 실제 무대와 영상이 겹쳐 보이도록 하는 프로팅 이미지 기술을 통해 홀로그램을 구현하기도 합니다. 미국에선 2014년 빌보드 시상식 때 '팝의 황제' 마이클 잭슨의 홀로그램 공연을 선보여 높은 호응을 얻었지요.

증강 현실 기술이 초래할 문제들

이러한 증강 현실 기술이 널리 보급되었을 때 생겨날 문제에는 어떤 것이 있을까요? 먼저 사생활 침해입니다. 증강 현실은 기본적으로 사물이나 인간에 대한 추가적인 정보가 탑재되는 경우가 허다합니다. 그런데 당사자의 의사와 무관하게 개인정보가 노출되거나 왜곡돼 활용된다면 심각한 문제가 발생할 수 있습니다. 디바이스를 통해 어떤 사람을 바라보기만 해도 그 사람의 병력이나 입은 옷의 브랜드를 알 수 있다면 어떨까요? 아마 발가벗겨진 기분이 들 것입니다.

두 번째는 왜곡된 정보에 의한 피해입니다. 정보 과잉의 디지털 시대에는 처음 입력된 정보가 잘못되었다 해도 전파 속도가 너무나 빨라, 바로잡으려 하면 이미 회복할 수 없는 인권 침해를 당한 뒤일 것입니다. 특히 사실 확인이 되지 않은 추측성 기사나 왜곡된 가짜 뉴스는 그 피해가 심각합니다. 정보가 너무 많아 필터링이 잘되지 않을 뿐 아니라, 자신이 보고 싶은 대로 보고 믿는 확증 편향이 강하기 때문입니다. 이는 우리 사회를 분열시키는 심각한 부작용을 낳을 수 있습니다.

세 번째는 바로 안전 문제입니다. 요즘 걷거나 운전하는 중에 스마트폰을 들여다보는 사람들로 인한 사고가 증가하고 있습니다. 포켓몬고와 같이 집중을 요하는 게임은 그 위험이 훨씬 높습니다. 증강 현실의 디바이스들은 이용자들을 더 몰입하게 하기 때문에 안전사고나 교통사고, 무단 침입 등의 문제가 발생할 수 있는 것입니다. 따라서 시야를 가리거나 주변을 파악하기 힘들 만큼의 몰입을 요하는 프로그램에 관해서는 적절한 대책이 필요합니다.

이러한 우려에도 불구하고 증강 현실은 적용 범위가 점점 커지고 성능 또한 날이 갈수록 향상되고 있습니다. 구글 글 래스Google Glass나 마이크로소프트의 홀로렌즈HoloLens와 같 은 증강 현실 기기가 곧 스마트폰처럼 대중화될 것이라 예 상됩니다. 부작용이 있다고 해서 기술을 규제하기보다는 부 작용을 줄이는 해결책을 찾는 것이 디지털 시대를 살아가는 바람직한 방법이 아닐까요?

어디에도 없던
새로운 세계,
가상 현실

○

가상 현실 속 아바타는 단순한 프로필이 아
니라 또 다른 자아이며, 이용자들은 아바
타를 통해 자신의 욕구를 표현합니다. 따
라서 아바타 코디네이션을 통해 수익을 창
출하는 비즈니스 모델이 더욱 발전할 것입
니다.

가상 현실은 자신의 디지털 분신인 아바타로 살아가는 세상을 말합니다. 현실 세계에서의 '나'를 대신하여 아바타가 다른 사람과 소통하며 3차원 가상 세계를 체험하는 것입니다. 대표적인 메타버스 플랫폼으로는 로블록스, 제페토, 이프랜드가 있습니다. 가상 현실 이용자는 이러한 플랫폼을 기반으로 만들어진 테마파크나 공연장, 교실에 입장해 타인의 아바타와 함께 경험한 세상을 신세계 내에서 공유합니다.

최초의 메타버스라 할 수 있는 세컨드 라이프Second Life는 2003년 미국의 필립 로즈데일Philip Rosedale이 개발한 것으로, 게임 내에서 사람들과 소통하고 사업까지 할 수 있는 혁신적인 게임이었습니다. 세컨드 라이프는 메타버스 플랫폼의 개막을 알리며 출시 후 3년간 100만 플레이어를 확보하였으나, 오래 유지되지는 못하고 2008년부터 쇠락하였습니다. 자체 콘텐츠가 흥미롭지 못한 것이 가장 큰 이유였습니다.

당시 사람들은 지금만큼 언택트, 메타버스에 관심이 없었지요. 게다가 통신의 처리속도가 지금처럼 빠르지 못해 참여자들이 역동성을 느낄 수 없었습니다. 그러나 시대를 앞섰던 세컨드 라이프의 시도는 이후 로블록스나 제페토, 이프랜드 등 여러 사업이 발전하는 데 큰 영향을 끼치게 됩니다.

가상 현실이 얼마나 진화할지는 앞서 소개했던 스티븐 스필버그 감독의 〈레디 플레이어 원〉을 통해 조금 엿볼 수 있습니다. 3차원의 가상 공간에서 슈트를 입고 물건에 부딪히면 그 감각이 현실 세계에서 그대로 전달됩니다. 이 영화에 따르면 가상 세계에서 할 수 없는 세 가지가 있으니, 식사와 잠 그리고 용변입니다.

● 가상 현실이 얼마나 진화할지 보여 주는 영화 〈레디 플레이어 원〉.
  (출처 : 다음 영화)

놀이터 대신 방 안에서
전 세계 친구들과 놀기

미국의 가상 세계 플랫폼인 로블록스Roblox는 미국 청소년들이 가장 많이 사용하는 앱입니다. 2020년 한 해 동안 기업 가치가 7배나 올랐습니다. 페이스북, 애플, 구글 등 세계 굴지의 IT 기업들도 가상 현실을 활용하는 메타버스 사업을 시작하였습니다. 시시각각 바뀌는 미래의 모습을 단정할 순 없지만 메타버스가 우리 삶에 스며들 거라는 사실은 분명해 보입니다.

집이나 휴양지에서 HMD(VR 헤드기어)나 HUD 디바이스(계기판)를 활용해 가상 공간의 회사에 출근해 업무를 하고, 가상 공간에서 친구와 대화하고 사랑을 나눌 수도 있습니다. 여러분의 부모님 세대는 놀이터에서 놀았지만, 지금의 MZ 세대는 방 안이나 버스 안에서 가상 공간의 친구들과 유희를 즐깁니다. 또한 현실에서 외모를 꾸미는 것만큼 자신의 아바타를 꾸미기 위해 시간과 비용을 들입니다.

이제 메타버스상의 아바타는 자신을 소개하는 단순한 프로필이 아닙니다. 아바타의 모습 자체에 '의미'와 '가치'를

● 네이버 제페토. MZ세대는 아바타를 통해
  자신의 욕구를 표현한다.
  (출처 : 앱스토어, 구글플레이)

부여합니다. 가상 현실 속 아바타는 현실 세계의 '나'와 비슷할 수도 있지만 전혀 다른 모습일 수도 있습니다.

젊은 세대들은 디지털 커뮤니케이션에 대한 욕구가 강할 뿐 아니라 시각적인 문화를 친숙하게 받아들이고 참여하는 세대입니다. 게다가 이들은 자신이 추구하는 이상적인 외모와 체형, 그리고 사회적으로 주목을 받을 수 있는 액세서리와 의복 등에 관심이 많습니다. 때문에 이들은 아바타를 통해 자신의 욕구를 표현하기를 원합니다.

가상 세계 속 또 다른 자아,
아바타 코디네이션

이러한 아바타 꾸미기를 '아바타 코디네이션avatar coordination'이라 칭하겠습니다. 앞서 말한 현상이 가속화될수록 아바타 코디네이션을 통하여 수익을 창출하는 비즈니스 모델은 더욱 발전할 것입니다.

지금은 미리 디자인한 다수의 아바타 형태 중에서 사용자가 원하는 옵션을 제공하는 방식으로 이루어지고 있지만,

이러한 방식으로는 곧 한계에 봉착할 것입니다. 메타버스 세상과 세계관에 '입장'하기 위해서는 자신만의 아이덴티티가 드러나는 '아바타'를 구현하는 것이 필수 선행조건이니까요.

그렇다면 메타버스 세계에서 지속 가능한 아바타란 뭘까요? 어떠한 사람의 정체성과 주체성을 담아내고 그 사람의 사회적 기호를 외부로 표현할 수 있으며, 이전의 경험과 현재의 가치를 다른 사람과 공유할 수 있는 형태가 되어야 할 것입니다.

또한 지속적으로 발전하는 현실 세계의 모습과 유사하게, 메타버스를 구현하는 기술과 환경 또한 꾸준히 발달하리라 생각합니다. SNS 메신저의 이모티콘이나 짤방이 하나의 산업으로 육성된 것처럼 아바타 코디네이션 역시도 하나의 산업으로 발전될 가능성이 큽니다.

보다 효과적으로 아바타 코디네이션을 발전시키기 위해서는 아바타의 이미지와 영상을 처리하는 기술과 더불어 메타버스 사용자의 심리와 감정을 읽고 해석하여 외부적인 기호로 표현하거나 마케팅을 통하여 잠재 고객을 확보하고 영업을 수행할 수 있는 인력의 육성이 필요합니다. 메타버스 내에서 노출되는 양질의 콘텐츠 제작도 중요하고요. 아바타를 만들고 관리하고 성장시키는 토털 아바타 코디네이션 비즈니스에 주목해야 할 이유입니다.

방탄소년단과 함께
춤출 수 있다면,
확장 현실

○

확장 현실은 현실 공간에 배치된 '가상'의
물체를 느끼는 기술로, 가상 현실, 증강 현
실, 혼합 현실 기술을 포괄하면서 가까운
미래에 새롭게 등장할 또 다른 기술까지도
포함하는 개념입니다.

확장 현실, 즉 XR(eXtended Realiy)은 2017년 3월 크로노스 그룹에서 가상 현실(VR)과 증강 현실(AR)을 통합하는 '오픈 XR'이라는 개념으로 처음 등장했습니다.

일반적으로 증강 현실, 가상 현실에 더해 혼합 현실(Mixed Reality, MR)까지 아우르며 현실 공간에 배치된 '가상'의 물체를 느낄 수 있는 기술입니다. 더 간단하게 정리하면, 가상 현실, 증강 현실, 혼합 현실을 포괄하면서 가까운 미래에 새롭게 등장할 또 다른 기술까지도 포함하는 기술이라고 말할 수 있습니다.

AI 자비스가
우리 집에서 일한다면?

여러분도 잘 아는 영화 〈아이언맨〉 속 AI '자비스JARVIS'가 바로 이 XR 기술의 집합체입니다. 극 중에서 불의의 사고를 당해 집사 자비스가 사망하자 주인공은 그를 대신할 인공지능 자비스를 탄생시켰고 '그' 혹은 '그것'은 극 중에서 소소하지만 눈부신 활약을 보여 줍니다. 대저택 관리는 물

● 영화 〈아이언 맨〉에 등장하는 AI '자비스'는
XR 기술의 집합체이다.

론 각종 전투나 해킹, 아이언맨의 슈트 제작 같은 일들 말이죠. 이처럼 상호 보완적인 시스템으로 수많은 일을 해결해 내는 만능 컴퓨터 인간이 우리에게 찾아올 날이 머지않았습니다.

또한 영상인 홀로그램을 입체적으로 보이도록 만들어 간단히 손동작만으로 다룰 수 있게 하는 것도 확장 현실 기술의 하나입니다. 아직까지는 마이크로소프트의 XR글래스나 홀로렌즈와 같은 장비를 착용하고서 가상 공간의 사물을 시각, 청각적으로 구현하는 단계가 가장 진보된 형태의 홀로그램 기술입니다.

산업의 패러다임을 바꿀
확장 현실 기술

앞으로는 영상을 생생하게 표현하는 디스플레이와 모션 캡처 기술(신체나 사물에 센서를 달아 그 대상의 움직임 정보를 파악한 다음 영상으로 재현하는 기술)이 더욱 발달할 것입니다. 특히 정밀한 모션 캡처를 위해 슈트, 장갑 등의 실제 착용 장비와 AI 카메라, AR 카메라 등 촬영 장비도 엄청나게 발전할 것입니다.

하지만 장비들만 고도화된다고 사람들이 매력을 느끼고 기술을 애용하지는 않겠죠. 2003년 미국의 린든 랩Linden Lap 에서 발표한 가상 현실 플랫폼 '세컨드 라이프'는 당시에는 없던 혁신적인 기술과 아이디어를 기반으로 초반에는 관심을 불러일으켰으나, 오래가지는 못했습니다.

여러 이유가 있겠지만, 세컨드 라이프가 실패한 가장 큰 원인은 진보된 기술에 비해 콘텐츠가 빈약했던 데서 찾을 수 있습니다. 그렇기 때문에 확장 현실 기술의 성장 추세에 따라 소프트웨어 산업도 더욱더 발전하리라 전망합니다. 단순히 콘텐츠를 개발하기보다 아예 XR 전용 개발엔진, OS를 만드는 것이 핵심 과제가 되겠지요.

이외에도 5G와 같은 통신 기술이 더욱 발전할 것이라 예상됩니다. 메타버스 속에서 다른 사람들과 화상, 음성, 텍스트 등으로 소통하기 위해서는 초고속 데이터 송수신 기술이 반드시 필요하기 때문이지요. 이러한 기술 진보를 바탕으로 확장 현실 기술은 현재 존재하는 모든 산업의 패러다임을 바꿀 것입니다.

VR 기기로 실전처럼 하는
수술 시뮬레이션

제조업에서는 현장 기술자들과 사내 엔지니어들이 혼합 현실MR 기술을 이용하여 소통하고, 원격 조종으로 실제 기계와 멀리 떨어진 곳에서도 정비, 생산 등을 하는 일이 흔하게 일어날 것입니다.

의료계는 그 어떤 분야보다 먼저 확장 현실 기술이 도입된 곳입니다. 아무래도 인간의 생명과 직결된 분야이기에 그러하겠지요. 이미 오래전부터 의료기기 업체들은 정교한 그래픽, 모션 캡처 등을 활용해 수술을 돕는 방법을 연구해 왔습니다.

최근에는 AR로 환자의 수술 부위를 구현하고 그것을 실제 환자의 몸에 겹쳐서 의사들이 보이지 않는 곳도 직접 확인하고 수술할 수 있는 단계까지 발전했습니다.

과거 의사들을 대상으로 하는 교육이나 수술 시뮬레이션이 단순한 시청각 자료를 통해 이뤄졌다면, 이제는 직접 VR 기기를 이용해 실전처럼 트레이닝할 수 있습니다. 이 밖에도 손이나 팔다리를 다친 환자들의 재활 치료, 노인들의 치

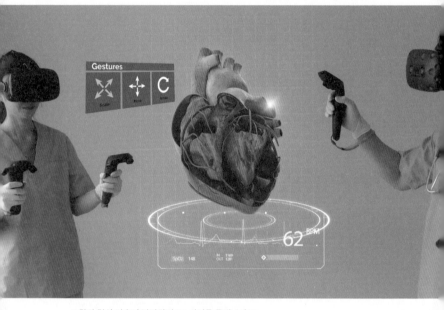

● 확장 현실 기술이 발달하면 VR 기기를 통해 수술도
  실전처럼 시뮬레이션하는 것이 가능해진다.

매 예방을 돕기 위한 훈련 등에도 확장 현실XR 기술이 유용하게 쓰일 수 있습니다.

확장 기술로 실감나게 참여하는
원격 수업

교육계도 확장 현실 기술이 더욱 활발히 사용되리라 기대되는 분야입니다. 코로나 팬데믹 상황으로 많은 학생들이 컴퓨터나 패드를 이용해 집에서 원격 수업을 진행하고 있습니다. 그러나 학생들이 가만히 앉아서 영상 속 선생님 말씀에 귀 기울이기란 쉽지 않습니다.

만약 원격 수업에 확장 현실 기술을 이용한다면 어떨까요? 집에 머물러 있지만 실제 교실에 온 것처럼 실감 나게 수업에 참여할 수 있다면요. 덜 지루하게 수업을 들으니 집중도가 높아지고 따라서 학습 효과도 기대해볼 만해지지 않을까요? 최근 교육 현장에서 활용되고 있는 VR 교육 앱 '구글 익스페디션Google Expedition'은 국내외 박물관은 물론 광활한 우주로도 현장 학습을 떠나도록 해줍니다.

● 원격 수업에 확장 현실 기술을 이용한다면 훨씬
실감 나고 재미있는 수업이 될 것이다.

내가 작곡한 노래

블랙핑크와 함께 부르기

마지막으로 문화 산업 분야 역시 확장 현실 기술의 도움
을 받아 비약적으로 성장하고 있습니다. 일단 메타버스 자체
가 게임을 기반으로 개발된 측면이 있고, 팬데믹이 지속되는
상황도 이러한 성장에 한몫을 했습니다. 사람들이 직접 문화
체험을 할 수 없게 되자 비대면 공연, 여행, 축제 등에 대한
수요가 증가한 것입니다.

앞서 언급한 페이스북의 호라이즌은 나만의 아바타를 만들어 온라인 축제, 행사를 즐길 수 있게 했고, 유적지나 관광명소를 VR로 재현하는 서비스도 많이 등장했습니다.

앞으로 점점 XR을 활용한 문화 콘텐츠 제작이 늘어날 것입니다. 비디오 캡처 기술을 활용하여 여러분이 좋아하는 K-팝 스타나 유명 영화배우를 현실에서 구현하는 MR 콘텐츠 제작, AR/VR을 이용한 게임, VR 음반 등 다양한 콘텐츠 사업이 성장하고 있으니까요.

방탄소년단 멤버들과 함께 방에서 춤춘다거나, 여러분이 작곡한 노래를 블랙핑크와 함께 부르는 일이 아주 특별한 이벤트가 아니게 될 날이 다가오고 있습니다.

3장

메타버스가 만드는
가상 경제와
새로운 기회

믿고 맡기는 기술, 블록체인

○

4차 산업 혁명은 블록체인 기술을 제외하고 생각할 수 없습니다. 다양한 네트워크 기술에 블록체인의 뛰어난 안정성이 더해지면 우리가 살아가는 세상은 상상 그 이상이 될 것입니다.

4차 산업 혁명 시대, 메타버스와 함께 핵심 기술로 주목받는 기술이 있습니다. 어쩌면 여러분도 들어 본 적이 있을지 모릅니다. '블록체인Blockchain'이 그것인데요, 이 기술이 구체적으로 어떤 것인지는 몰라도 '블록체인' 하면 머릿속에 어떤 이미지가 그려질 것입니다. 블록체인은 말 그대로 '블록Block'을 '연결Chain'한 방식을 일컫습니다.

좀 더 자세히 알아볼까요? 거래 내역이 담긴 하나하나의 블록을 쇠사슬 모양으로 연결한 다음, 이를 네트워크상의 모든 참여자가 분산하여 저장하는 것이 블록체인의 기본 원리입니다.

● 거래 내역이 담긴 블록을 쇠사슬 모양으로 연결한 다음, 이를 모든 참여자가
분산·저장하는 것이 블록체인의 기본 원리다.

만약 새로운 거래가 발생하거나 기존 거래에 편집이 실행
되는 등 정보가 변경될 때에는 참여자들의 컴퓨터에서 거래
의 유효성을 서로 검사하는 과정을 거칩니다. 그러고 나면
참여자들이 동의한 거래 정보가 담긴 새로운 블록이 만들어
지지요. 이렇게 새로 만들어진 블록은 암호 인증으로 이전의
블록들에 쇠사슬처럼 연결됩니다. 이러한 연결은 최초로 만
들어진 블록까지 이어지도록 되어 있습니다.

중앙집중화 시스템에서
탈중앙화 시스템으로

블록체인 기술을 활용한 가장 대표적인 사례로 '비트코인Bitcoin'이 있습니다. 비트코인은 사토시 나카모토가 2008년 〈비트코인: 일대일 전자화폐 시스템Bitcoin: A Peer-to-Peer Electronic Cash System〉이라는 논문에서 처음 제안했고, 2009년에 '비트코인 코어Bitcoin Core' 프로그램을 통해 공개된 블록체인 기반의 암호 화폐입니다. 이후 다양한 형태의 암호 화폐가 등장했고요. 암호 화폐에 대해서는 뒤에서 좀 더 자세히 설명하겠습니다.

다시 비트코인으로 돌아오면, 비트코인은 누군가 만들어 배포하는 게 아니라, 암호 맞추기 게임을 하듯 암호를 풀이한 데에 대한 보상으로 발생하는 것입니다. 사람이 직접 하는 게 아니라 컴퓨터 프로그램을 돌려 암호를 맞추는 건데요. 이를 '채굴mining'이라고 부릅니다.

이렇게 발생한 비트코인은 지폐나 동전처럼 실물이 없이 디지털이라는 점에서 '가상 화폐'라고도 불립니다. 과거 싸이월드의 '도토리', 각종 온라인 게임에서 쓰이는 게임 머니

- 모든 데이터는 블록체인에 참여한 개개인의 서버, 즉 노드에 기록되고,
  노드들의 동의가 있어야 변경이 가능하다. 때문에 블록체인은 임의 조작이
  불가능하다.

를 떠올리면 이해가 쉬울 거예요.

블록체인의 핵심적인 특징은 데이터를 제3기관의 중앙 서버에 보관하는 것이 아니라, 참여자 모두가 관련 데이터를 보관하고 열람할 수 있다는 점입니다. 그걸 어려운 말로 하면 '중앙집중화 시스템Centralized System이 아닌 탈중앙화 시스템Decentralized System을 표방한다'고 합니다.

블록체인 네크워크의
적용 사례

블록체인 네트워크의 참여자 개개인, 정확히 말해 참여자 개개인의 서버를 '노드Node'라고 칭하는데요. 앞서 말했듯 변경되는 데이터는 모든 노드에 기록되고, 노드들의 동의가 있어야 거래 정보의 변경이 가능하기 때문에 임의로 조작이 불가합니다. 블록체인이 전에 없던 훌륭한 기술이라는 데에는 이와 같은 기술의 안정성이 큰 몫을 하는 것이죠.

때문에 블록체인은 금융 거래뿐만 아니라 훨씬 더 다양한 산업에, 다양한 목적으로 활용할 수 있습니다. 먼저 디지털

● 코로나19 백신 접종 인증 시스템 쿠브COOV는 블록체인을 기반으로 하고 있다.

신원 인증 서비스에 블록체인을 적용하면 신원 도용이나 데이터 침해를 방지할 수 있습니다.

각종 모바일 기기의 블록체인 암호 설정 서비스나, 질병관리청과 블록체인 기업이 협력해 개발한 코로나-19 예방접종 인증 앱 '쿠브COOV'도 블록체인에 해당합니다. 백신 여권에는 접종자의 신상 및 백신 접종 정보 등 개인 정보가 담겨있지만 위조 가능성이 거의 없어서 안전하게 사용할 수 있습니다.

또한 기존의 전자 투표 시스템은 투표장에 직접 가는 것보다 효율적이기는 하지만, 해킹이나 조작 가능성이 한계점으로 늘 따라붙었는데요. 블록체인을 이용한 전자 투표라면 그러한 문제를 극복할 대안이 될 것입니다.

믿고 맡길 수 있는 새로운 기술 블록체인. 4차 산업 혁명은 이 혁신의 기술을 제외하고 생각하기 힘든 상황입니다. 다양한 네트워크 기술의 발달에 블록체인의 뛰어난 안정성이 더해지면 우리가 살아가는 세상은 상상 그 이상이 될 것입니다.

튼튼한
신뢰가 필요한
암호 화폐

○

암호 화폐의 변동성 문제를 해결할 수 있다
면, 다가올 메타버스 세상에서 암호 화폐
의 가치는 더욱 커질 것입니다. 새로운 대
안 화폐로서 암호 화폐에 주목해야 할 이유
입니다.

종이 한 장이 어떻게 유·무형의 서비스로 교환될 수 있을까요? 만약 문명사회를 접하지 않은 원시인이 현대로 타임 슬립(시간 여행)해서 온다면 화폐에 대해 설명하기가 쉽지 않을 것입니다. 그때는 화폐의 개념이 없었고 사람과 사람이 직접 만나 물물 교환을 했기 때문이죠.

이후 시대가 변천하면서 각 사회의 상황을 반영한 다양한 형태의 화폐가 등장했습니다. 소금, 곡식, 조개껍질 같은 물품 화폐부터 금이나 은으로 된 금속 화폐가 생겨났고, 그다음으로 화폐를 발행하는 권위를 가진 권력이 형성되면서 동전, 지폐가 차례로 만들어졌죠.

근대적 의미의 화폐의 개념은 각국에서 중앙은행을 설립하고 금과 은을 보유하여 일정 기준에 따라 어음을 발행하기 시작한 데에서 출발합니다. 이렇게 실물을 기준으로 한 화폐 발행 제도는 미국이 냉전, 베트남 전쟁을 겪고 나서 무제한으로 달러를 발행하면서 폐지되었으나 강력한 패권을 지닌 미국 정부가 그 가치를 보증했기 때문에 달러는 화폐로서 가치를 지속적으로 유지할 수 있게 됩니다.

현대에 접어들어서는 보다 간편하고 새로운 형태로 화폐의 기능을 담당하는 것들이 등장했습니다. 수표, 신용카드 외에도 최근에 널리 쓰이는 '디지털 화폐'가 그것입니다. 디지털 화폐에는 전자 화폐(IC칩 카드 형태와 네트워크 형태), 암호 화폐, 중앙은행에서 발행한 디지털 화폐 등이 있습니다. 앞서 블록체인 기술을 활용한 암호 화폐를 살짝 다뤘는데요. 바로 암호 화폐가 대표적인 디지털 화폐입니다.

최근 코로나-19로 인한 팬데믹이 지속되자 세계 각국에서 통화량 확대 정책을 펼친 바 있습니다. 전 세계적인 경기 침체가 일어나자 각국의 중앙은행들이 시중에 돈을 풀어 일시적으로 경기를 완화하려고 시도한 것입니다. 덕분에 어느 정도 경기는 안정세를 회복했지만, 인플레이션의 징조가 나타나기 시작하면서 사람들은 실물 화폐가 아닌 암호 화폐로 급격히 관심을 돌렸습니다.

일론 머스크와
암호 화폐

그렇다면 암호 화폐의 가치는 과연 누가 보증할 수 있을까요? 처음에 암호 화폐 열풍이 불었던 것은 개인이 중앙 권력으로부터 화폐의 주도권을 가져올 수 있으리라는 믿음 때문이었습니다. 당시만 해도 유명 인사의 말 한마디로 그 가치가 요동치리라고는 누구도 예상치 못했을 것입니다.

자동차 회사인 테슬라Tesla의 최고경영자 일론 머스크Elon Musk는 2021년 11월 자신의 트위터 계정에 이런 트윗을 남겼습니다.

"최근 미실현 이익이 세금 회피의 수단이 되고 있다는 점과 관련해 많은 논의가 있었다. 그래서 나는 내 테슬라 주식의 10%를 매각하는 방안을 제안한다."

일론 머스크가 단 몇 줄의 트윗과 함께 자신의 주식 매각

● 대표적 암호 화폐인 비트코인.

을 지지하는지 사람들에게 묻는 설문을 게시한 이후 테슬라 주가의 급락과 비트코인의 주가 급등으로 주식 시장은 거세게 흔들렸습니다.

그뿐이 아닙니다. 그보다 앞선 지난 4월에는 "도지 아빠The Dogefather SNL 5월 8일"이라는 트윗을 올렸는데요. 이후 암호 화폐 중 하나인 '도지코인Dogecoin'의 가격이 20퍼센트가량 급등하기도 했습니다.

원래 도지코인은 인터넷 밈으로 떠돌던 '도지'라는 이름의 시바견을 모태로 삼아 장난스럽게 만든 암호 화폐였습니다. 그런데 일론 머스크가 도지코인에 관심을 보이면서 인기를 얻기 시작했고, 일론 머스크가 '도지 아빠'를 자처하며 미국의 예능 프로그램 SNLSaturday Night Live에 출연하리라는 예고 한마디에 암호 화폐 시장이 움직인 것이지요.

암호 화폐는 새로운 형태의
대안 화폐가 될 수 있을까

사람들이 화폐를 믿고 사용하는 이유는 어제의 화폐에 담긴 가치가 오늘도 아주 크게 다르지 않기 때문입니다. 그러나 암호 화폐의 경우, 어제는 빵을 샀었는데 오늘은 가방을 샀다가 내일은 먼지가 되는 일이 비일비재한 상황입니다. 이러한 상황이라면 어떤 사람도 이를 화폐로 사용할 용기와 신뢰를 갖기 어려울 것입니다.

그렇다면 변동성이 크다는 이유만으로 암호 화폐는 무가치한 것일까요? 아닙니다. 암호 화폐의 변동성을 잡아 줄 수 있는 기관의 통제하에 있다면, 암호 화폐는 새로운 형태의 대안 화폐로 아주 적합할 수도 있습니다.

여러분은 주로 물건을 살 때 뭘로 결제를 하나요? 요즘 어른들의 경우 현금을 가지고 다니는 사람을 찾아보기가 어렵습니다. 신용카드에 더해 모바일페이, 알리페이, 페이팔과 같은 다양한 결제 서비스가 등장하면서 실물 화폐의 거래가 점점 줄어들고 있지요. 이런 흐름에 암호 화폐가 더해진다고 해서 특별한 일도 아니니까요.

인간의 욕망은 끝이 없고, 화폐는 그 욕망을 실현시킬 수 있는 가장 간단한 수단입니다. 인간의 욕망을 견제할 수 없는 화폐는 모래 위에 높게 지은 궁전과 같아 언제 무너져도 이상할 것이 없습니다. 화폐는 신용이라는 튼튼한 기반 위에서 지어져야 비로소 그 기능을 수행할 수 있습니다.

앞으로 다가올 메타버스 세상에서 암호 화폐의 가치는 더욱 커지게 될 것입니다. 다만 아무리 메타버스라고 하더라도 이러한 암호 화폐를 관리하는 기관은 정부나 그에 준하는 기관이어야 합니다. 최근 중국이나 미국에서 암호 화폐에 대해 규제를 강화하는 것은 언제든지 화폐로서 등가성을 유지하도록 하기 위한 조치라고 생각합니다.

암호 화폐의
대항마,
CBDC

○

각국 정부와 중앙은행이 기존 통화 위치를
위협하는 암호 화폐에 대항하기 위해 만든
것이 중앙은행 디지털 화폐, CBDC(Central
Bank Digital Currency)입니다.

암호 화폐의 급속한 성장은 각국의 정부와 중앙은행의 견제로 이어졌습니다. 정부와 중앙은행은 암호 화폐를 통한 거래가 갖는 특성(무국경, 무관세, 무수수료) 때문에 자칫 국부가 유출될 수도 있다며 암호 화폐의 위험성을 지적했지요.

예를 들면 이런 일도 있었습니다. 2019년 페이스북은 '리브라Libra'(2020년 '디엠'으로 명칭을 바꿈)라는 이름의 암호 화폐 및 결제 시스템 추진 계획을 발표했습니다. 리브라는 현실의 화폐와 연동된 암호 화폐로 전 세계 어디서나 자유롭게 사용할 수 있는 '글로벌 화폐'를 목표로 했지요. 그러나 미국 상·하원, 유럽연합 등 주요 국가의 정부와 중앙은행이 기존 통화 위치를 위협한다는 이유로 강하게 반대해 좌절되고 말았습니다.

대신 각국의 중앙은행에서는 민간에서 발행하는 암호 화폐에 대항하여 중앙은행 디지털 화폐Central Bank Digital Currency, CBDC를 발행할 계획을 적극적으로 세우고 있습니다. 특히 인구가 적고 현금 이용이 적은 국가, 금융 인프라가 충분히 구축되지 않은 국가들이 디지털 화폐 발행에 더욱 적극적입니다.

각 나라의

CBDC 발행 현황

전자의 예에 해당하는 국가는 스웨덴이 대표적입니다. 스웨덴은 2012년부터 현금 대신 자국 내 주요 민간 은행이 합작해 만든 실시간 전자 결제 시스템을 사용할 것을 국가적으로 장려해 왔습니다. 아예 슈퍼마켓이나 식당 등에서 현금 결제를 거부할 수도 있도록 법으로 정해 놓았고, 도심에서는 현금 인출기를 찾아보기가 어렵습니다.

이미 현금 없는 일상이 자연스러운 스웨덴 국민의 경우, 새로운 디지털 화폐를 도입하는 데 있어 국민적 거부감이 덜할 것입니다. 또한 민간 전자 결제 시스템에 대한 높은 의존도가 지급 서비스 시장의 독점 문제로 이어져, 이를 타개하기 위해서도 중앙은행이 권한을 가지는 화폐 발행을 검토할 수밖에 없겠지요.

다음으로 나이지리아, 바하마는 지급 결제 인프라가 빈약해 CBDC 발행을 추진한 나라입니다. 금융 시스템 혁신을 목표로, 국민들의 금융 서비스 접근성을 높이고자 국가 차원에서 새로운 화폐 시스템을 도입한 것이죠.

중국의 경우는 앞의 두 사례와는 조금 다릅니다. 이미 알리페이를 통해 디지털 화폐의 가능성을 경험한 중국은 민간 기업의 결제 권력을 견제하고, 중앙정부의 지위를 확고히 하려는 것이 1차적 목표입니다. 다음으로 위안$_\pi$의 국제적 지위를 높여 새로운 기축통화(국제간의 결제나 금융 거래의 기본이 되는 화폐. 과거에는 영국의 파운드가 사용되었으나 현재는 미국의 달러, 일본의 엔 등이 통용된다)로 자리매김시키기 위해 디지털 화폐 발행을 검토하고 있는 것입니다.

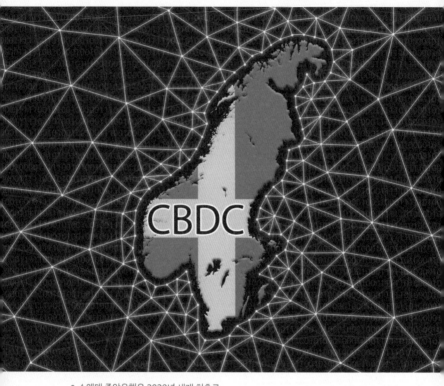

- 스웨덴 중앙은행은 2020년 세계 최초로
  CBDC 시범 운영을 실시했다.

CBDC의 장점

각 나라의 CBDC 발행 현황을 살펴보았는데요. 그러면 구체적으로 CBDC가 어떤 장점이 있는지 궁금하지 않으신가요? CBDC의 장점을 정리하면 다음과 같습니다.

①지하 경제로 흘러가는 자금을 차단할 수 있고, ②투명한 세수 재원 확보가 가능하며, ③화폐의 사용 기한을 설정함으로써 내수 시장을 진작시킬 수 있고, ④부정부패와 외화유출을 막을 수 있으며, ⑤송금 및 결제 수수료의 인하를 가져올 수 있고, ⑥화폐 발행을 위한 시스템이나 비용을 줄일 수 있습니다.

단점으로는 ①중앙은행이 직접 국민의 예금거래를 통제할 수 있어 현재의 금융 시장 생태계를 파괴할 수 있고, ②단일 원장으로 발행될 경우, 개인정보가 유출되어 국민의 사생활을 통제하는 '빅브라더' 역할의 도구로 전락할 수 있습니다. ③만약 단일 원장이 아닐 경우에는 P2PPeer to Peer방식에 의한 거래로 CBDC의 이전이 가능해 관리 및 통제에 어려움이 생길 수 있습니다.

이러한 장·단점을 고려해 한국은행도 CBDC의 법률자문

단을 구성하여 본격적으로 대응하고 있습니다. 앞으로 단점을 보완할 수 있는 기술적 방법이 마련된다면 선점 효과로 인해 무역 결제상의 이득을 취할 수 있을 것입니다. 그러면 머지않아 종이 화폐는 사라지고, 디지털 화폐로의 대전환을 꾀해 볼 수도 있으리라 판단됩니다.

또 하나의
뜨거운 이슈,
NFT

○

메타버스 속 콘텐츠에 NFT 기술을 적용하
면 창작물이 복제되거나 변조되는 등의 문
제를 예방할 수 있어 지속 가능한 창작 활
동을 보장할 수 있습니다.

메타버스와 함께 최근 뜨거운 이슈는 NFTNon-Fungible Token입니다. NFT는 암호 화폐와 더불어 블록체인 기술을 활용한 디지털 자산 중 하나인데요. NFT란 '대체 불가능한 토큰'이라는 뜻으로, 블록체인의 토큰을 다른 토큰으로 대체하는 것이 불가능한 가상 자산을 의미합니다. 즉, NFT는 블록체인마다 고유 번호가 매겨져 다른 블록체인으로 대체할 수 없다는 개념입니다.

대표적인 암호 화폐인 비트코인은 A가 가진 1비트코인과 B가 가진 1비트코인은 같은 가치를 지니기 때문에 서로 교환이 가능합니다. 이런 경우를 '대체 가능한 토큰'이라 부릅니다. 이에 반해 NFT는 각각의 고유한 속성을 지니고 있기 때문에 1:1 교환이 가능하지 않습니다. 이를 '대체 불가 토큰'이라 표현합니다.

이러한 NFT는 블록체인의 기술적 특성상 한번 발행하면 제3자가 복제하거나 위조할 수 없고, 소유권과 거래 내역이 명시되므로 일종의 '디지털 소유 증명서'처럼 활용될 수 있습니다.

또한 NFT는 자체 블록체인을 갖고 있는 비트코인, 도지코인 등과 달리 자체적인 블록체인을 갖고 있지 않습니다. 대신에 다른 코인의 블록체인을 활용합니다. 조금 어렵겠지만 기술적인 얘기를 덧붙이지만, NFT는 'ERC-721'이라는 토큰 발행 규칙을 따릅니다.

먼저 'ERC'란 'Ethereum Request for Comment'를 축약한 말로, 블록체인 기술을 기반으로 한 이더리움 네트워크에서 토큰을 만들 때 따라야 하는 프로토콜을 의미하며, '721'이라는 숫자는 그 프로토콜 중 721번째 규칙이라는 뜻입니다. 이해하기 어렵다면 NFT를 만드는 '표준 규격' 정도로 생각하면 됩니다.

- NFT는 블록체인의 기술적 특성상 한번
발행하면 제3자가 복제하거나 위조할 수 없고,
소유권과 거래 내역이 명시되므로 일종의
'디지털 소유 증명서'처럼 활용될 수 있다.

820억에 팔린
디지털 아트

2021년 3월 11일 미국의 크리스티 경매소에서는 비플 Beeple이라는 예명으로 활동하고 있는 디지털 아티스트 마이크 윈켈만Mike Winkelmann의 작품 〈Everydays: The first 5000days〉가 6,930만 달러(한화 약 820억 원)에 팔렸다고 합니다.

이 작품은 작가가 2007년부터 온라인에 게시해 온 사진들을 모아 만든 JPG 파일 형식의 작품을 NFT로 발행한 것입니다. 이는 지금까지 실물이 아닌 NFT로 팔린 작품 중 최고가일 뿐 아니라 프리다 칼로, 살바도르 달리, 폴 고갱 등 유명 화가 작품의 경매 낙찰가보다도 더 비싼 값입니다. 참으로 놀라운 일이 아닐 수 없습니다.

코로나 팬데믹으로 미술관이나 박물관의 방문이 어렵게 되면서 대중들이 예술에 대한 갈증을 디지털 세계에서 해소하려는 욕구가 반영된 것이 아닐까 짐작해 봅니다. 어쨌든 이로 인해 NFT를 이용한 디지털 아트 시대가 본격적으로 열릴 것이라 예측되고 있습니다.

● 디지털 아티스트 비플의 작품 〈Everydays〉.
  (출처: 트위터 캡처)

특히, 이 경매가 세계 최대의 미술품 경매회사인 크리스티의 주관으로 열렸다는 점은, 블록체인이 암호 화폐의 전유물이 아니라 일반 예술품 시장에 새롭고 중요한 한 축으로 등장했음을 의미한다고 볼 수 있습니다.

블록체인 기술,
디지털 파일에 원본 개념을 부여하다

그렇다면 NFT의 가치는 어디에서 나오는 것일까요? 본래 가치라는 것은 희소성에서 나옵니다. 현실에서 물리적 형태로 존재하는 것들은 복제가 매우 어렵거나 불가능한 경우가 많습니다. 또한 어렵게 복제했다 하더라도 진품과 가품을 감정할 수 있는 전문가들이 있어 끝내 진품을 구별해 내고는 하지요. 이로 인해 진품에 대한 희소성이 생기고 경제적 가치가 발생했습니다. 지금껏 세상에 존재하는 대부분의 가치 있는 것들이 물리적 형태를 띠었던 이유입니다.

하지만 디지털 파일은 원본과 복사본의 구분이 불가능합니다. 누군가 원본 파일을 복사했다고 해도 그것이 원본인지, 복사본인지 판별할 수 없습니다. 이를 해결한 것이 블록체인 기술입니다. 디지털 파일에 절대 바꿀 수 없는 코드를 생성하고, 단 하나의 원본을 나타내는 코드를 부여할 수 있게 된 것이죠. 원본의 개념이 생긴 디지털 아트는 이제야 '희소성'의 확보로 '경제적 가치'를 발생시킬 준비를 마친 셈입니다.

NFT를 활용한
게임들

최근 인기를 끌고 있는 엑시인피니티AXIE Infinity, 디센트럴랜드Decentralland, 샌드박스SANDBOX 역시 NFT를 활용한 게임들입니다. 게임 속 캐릭터는 탄생의 순간부터 성장하는 과정에서 각 캐릭터를 다루는 사용자의 선택에 따라 개성을 획득합니다. 즉 캐릭터의 외형을 어떻게 조합하는지에 따라서, 어떠한 스탯(게임에서 특정한 보너스 수치)을 올렸는지에 따라서 다종다양한 외모와 능력을 가진 캐릭터들이 생겨나는 것이죠. 이렇듯 캐릭터 특유의 개성, 즉 대체 불가능이라는

● NFT를 활용한 게임 엑시인피니티.

요소는 게임의 상업적 측면과 맞물려 상당한 가치를 가지게
됩니다.

　기존의 일부 게임의 경우, 클릭 몇 번으로 무제한 복제가
될 수 있는 아이템은 수천만 원에 불법적으로 거래되기도
하며, 게임 계정 자체를 사고파는 경우도 있습니다. 그러나
NFT 게임에서는 불법 복제가 불가능하며, 오히려 정상적인
거래가 장려되는 게임이라면 게임의 가치도 이용자의 수도
증가하게 될 것입니다.

NFT 기술의
무한한 활용 가능성

이처럼 NFT를 디지털 세계에서만 활용할 수 있을까요? 그렇지 않습니다. 아날로그 자산의 경우 모든 실물에 각자 고유한, 즉 대체 불가능한 요소를 부여할 수 있습니다. 특히 분쟁이 많이 생기는 부동산 거래에 적용할 수 있는데요. NFT를 활용하면 사기를 방지하기 위한 법적 절차나 거래를 위한 중개인 없이도 객관적이고 간단한 스마트 계약만으로 거래가 성사될 것입니다.

부동산과 같은 실물 자산 외에 특정 상품의 품질이나 진위 여부에 대해 수차례 검증을 해야 할 때에도 NFT 기술이 적용될 수 있습니다.

먼저 농축산물이나 가공식품 등 식품의 유통 이력을 관리하는 경우를 생각해 볼까요? 식품이 생산되는 지역이나 공장, 생산자, 가공, 검수, 운반, 판매 등 식품이 출하되는 데 필요한 모든 공정에 위조나 변조가 불가능한 메타데이터를 활용해 관리하는 것이죠. 그러면 소비자는 제품의 품질을 믿고 구매할 수 있고 식품의 유통 과정 또한 직접 확인할 수 있어 더욱더 안심입니다.

　다음으로 명품의 진위 판별에도 NFT 기술이 유용하게 쓰일 수 있습니다. 기존에도 소위 '명품'을 구매하면 같은 동일한 디자인의 제품이더라도 각기 다른 식별 번호를 부여받게 됩니다. 그런데 이 식별 번호를 NFT 안에 넣어 발행하면 보다 확실하게 진품임을 인증할 수 있고, 소비자들도 세상에 딱 하나뿐인 인증서를 믿고 명품을 구매할 수 있겠죠.

　마지막으로 메타버스가 일상이 된 세상에서 NFT는 없어서는 안 될 자산이자 기술일 것입니다. 메타버스 기반 콘텐츠가 무궁무진하게 쏟아져 나오는 이때, 꼭 짚고 넘어갈 문제가 바로 가상 세계의 창작물 저작권인데요. 메타버스 속 콘텐츠에 NFT를 적용하면 창작물이 복제되거나 변조되는 등의 문제를 완벽하게 예방할 수 있어 창작자들의 지속 가능한 발전을 보장할 수 있습니다.

메타버스가
우리에게 던지는 질문들

메타버스 세상은 제2의 자아alter-ego라 불리는 아바타를 통해 세상과 소통하는 새로운 세계를 말합니다. 책에서 여러 번 소개했던 스티븐 스필버그 감독의 영화 〈레디 플레이어 원〉에서처럼 인간은 가상 세계와 현실 세계에서 동시에 생활하게 됩니다.

이는 먼 미래의 일이 아니라 이미 우리 곁에 와 있는 현실입니다. 메타버스 세상에서 사회 권력을 좌우하는 것은 무엇일까요? 국가나 언론, 자본이 아닙니다. 누가 그 세계에 얼마만큼 참여하는지가 중요합니다.

여러분이 익히 알고 있는 암호 화폐 비트코인이나 온라인 게임 로블록스, 메신저인 카카오, 라이프 로깅의 페이스북 등이 힘을 발휘하는 이유는 바로 참여자가 많기 때문입니다. 디지털 시대에는 아날로그 세상과 달리 '한 명의 천재'가 아닌 '대중의 지혜'가 세상을 이끌어 갑니다.

이렇듯 '참여자의 숫자'가 권력이 되는 메타버스 세상은 '양날의 검'을 가지고 있습니다. 먼저 국경, 인종, 문화, 이념을 넘어선 하나의 거대한 공간인 메타버스 세상에서는 누구나 자신의 아바타를 통해 비즈니스 행위를 할 수 있습니다. 실제로 의료사고, 화재, 납치 등과 같은 위급한 상황에서 현실 세계와 가상 세계가 결합Overlapping한 형태로 활용되고 있습니다.

메타버스는 교육 분야에도 큰 변화를 가져왔습니다. 사용자 입장에서는 교육 서비스에 저비용으로 신속하게 접근할 수 있고, 서비스 제공자의 입장에서는 특정 업체뿐 아니라 누구나 콘텐츠 제공자가 될 수 있습니다. 현실 세계의 실시간 교육은 시간과 장소의 제한이 많고 고비용 구조로 되어 있으나, 디지털 트윈과 같은 거울 세계와 디지코DIGICO KT와 어플리케이션을 통해 교육 서비스는 한층 대중화되고 진화되고 있습니다.

하지만 밝음이 있으면 어둠도 있기 마련입니다. 현재의 메타버스는 마스터플랜 없이 산발적으로 구축되고 활용되는 측면이 많습니다. 이로 인해 시행착오가 반복되고 있는 것도 사실이지요. 여기서는 이러한 부작용을 체계적으로 살펴보려 합니다. 이러한 과정이 필요한 이유는, 현실 세계와 마찬가지로 메타버스 내에서 여러 역기능과 더불어 예상치 못한 문제가 발생하고 있기 때문입니다. 메타버스는 그 변화의 속도가 너무 빠르기 때문에 이러한 부작용을 미리 예측하고 대책을 세우는 것이 필요합니다.

메타버스에서
사람을 죽이면 살인일까?

먼저, 메타버스 공간에서는 현실 세계와 다른 가치관과 규범이 형성되고 통용되고 있는데, 그에 따라 무엇이 옳고 그른지에 대한 윤리나 사회적 통념도 바뀌고 있습니다. 특히 현실과 가상 공간을 구분하지 못하는 탈감각화Desensitization로 인한 사회 문제가 대두되고 있습니다. 여기서 탈감각화란 어떤 자극이건 반복해서 노출되면 민감성이 떨어지는 것을 말합니다.

여러분 중에도 배틀그라운드 같은 슈팅게임을 즐기는 친구가 있을 텐데요, 현실 세계와 달리 메타버스상에서는 게임 유저를 사살 또는 살해하는 것이 별 문제가 되지 않습니다. 그런데 문제는 가상 세계에서 이러한 것들을 자주 접하고 익숙해지면 현실 세계에서의 그런 행위에도 무딘 반응을 보이게 된다는 점입니다. 그래서 극단적인 예이기는 하지만 현실에서 그런 행동을 죄의식 없이 저지르는 사건이 발생해 이슈가 된 적이 있습니다.

또한 개인정보가 유출되어 '비밀이 없는 세계'가 도래할 것이라는 불안감도 확산되고 있습니다. 개인정보 및 사생활 침해, 바이러스 유포나 해킹 등의 사이버 범죄가 증가되고 있으며, 조지 오웰이 소설 《1984》에서 예언했듯 '빅브라더 Big Brother(정보를 독점함으로써 사회를 통제·관리하는 권력 또는 사회체계)'가 출현해 감시 사회가 될 우려도 있습니다. 이를 막기 위해서는 고객정보나 위치정보 관리를 보다 철저히 하고, 서비스 이용의 익명화를 실시하며 금융 및 결제에 관한 개인정보 보호 방안을 마련해야 할 것입니다.

새로운
소외 계층의 등장

한편 메타버스에는 새로운 직업을 무한히 만들어 낼 수 있는 능력이 있다고 합니다. 하지만 메타버스를 잘 활용하는 세대와 그렇지 못한 세대의 정보 격차가 빠르게 나타나고 있습니다.

기존 사업에서는 '자금'을 가지고 있느냐가 중요한 조건이었지만, 메타버스 내의 또 다른 '나'가 비즈니스 측면에서 가지는 가능성은 주로 '아이디어'에 의해 좌우됩니다. 전기차의 테슬라나 리비안, 우주여행의 스페이스X 같은 기업은 실적이 없어도 주가가 천정부지로 치솟고 있지요.

이처럼 메타버스라는 공간은 기존 사회의 계층hierarchy에 상관없이 누가 정보를 창의적으로 이용하는가에 따라 달라집니다. 따라서 아이디어를 바탕으로 새로운 것을 창조해 내는 사람이 새로운 계층을 형성하게 될 거라고 전망합니다. 반면 노인이나 장애인 같은 사회적 약자들의 경우 비즈니스를 할 기회가 줄어들어 또 다른 양극화를 초래할 가능성도 대두됩니다.

이러한 양극화 현상에 대해 《사피엔스》, 《호모데우스》의 저자 유발 하라리 교수는, "인공지능과 로봇 기술의 발달로 새로운 일자리는 고도의 전문직에서만 집중적으로 발생하고, 단순 노무직의 경우 경제적 잉여인력이 넘치게 되어 '유용자 계급'과 '무용자 계급'으로 양분화될 것"이라고 예측한 바 있습니다.

사회 계층이 양분화될 뿐만 아니라 쏠림 현상이 강하게 발현되어, 이를 선도하는 국가 혹은 기업은 막대한 부를 창출할 수 있겠지만 그렇지 못한 국가 혹은 기업은 메타버스의 혜택에서 소외되어 지금껏 경험하지 못한 격차가 발생할 것이라는 주장입니다.

새롭게 대두되는 메타버스 내 지적 재산권 침해 문제

디지털 저작권 보호 문제 또한 메타버스 확산의 그림자로 지적되고 있습니다. 구글의 중국 사업 철수는 지적 재산권 보호가 얼마나 중요한지를 단적으로 보여 줍니다.

구글은 새로운 시장 개척을 위해 2005년 중국에 연구개발센터를 설립하겠다고 발표했고, 이듬해인 2006년 'Google.cn'을 개설하고 본격적으로 중국 시장에 뛰어들었습니다. 그런데 당시 중국 정부는 자국 IT산업의 발전과 체제 유지를 위한 내부 보안강화를 목적으로 외국 기업의 인터넷 사업을 규제하고 있는 상태였습니다. 구글도 예외는 아니어서 중국 정부로부터 정치적 검색 검열과 검색 알고리즘의 공개를 요구받았지요.

2009년 중국 정부는 구글을 통해 유해한 콘텐츠가 배포되고 있다며 수천 개에 달하는 해외 웹사이트에 대한 접근을 차단했습니다. 표면적으로는 음란 사이트 접속을 막기 위한 것이라고 했지만, 실제로는 중국 내 검색 엔진의 검열을 강화하고, 자국의 검색 엔진인 바이두를 보호하기 위함이었습니다.

이에 구글은 2010년 3월 중국 본토 시장에서 완전히 철수하기로 결정했습니다. 도메인을 홍콩으로 이전해 서비스는 이어 갔지만 중국 내에서 구글의 접속은 엄격하게 제한되었습니다.

스스로 만든 전망대에서
새로운 미래를 상상하라

메타버스 세상의 그림자를 소개했는데요, 이를 비관적으로만 볼 필요는 없습니다. 메타버스의 이러한 어두운 부분은 어쩌면 젊은 세대에게는 기회가 될 수도 있습니다.

여러분의 아버지 세대는 취업의 첫 번째 조건이 영어였습니다. 영어를 제대로 하지 못하면 취업이라는 관문을 통과하기가 쉽지 않았지요. 요즘 MZ세대의 경우에는 코딩Coding이 취업이나 창업에 있어 그 무엇보다도 중요한 필수 조건이라 할 수 있습니다. 메타버스상의 자연어는 자동 번역되기에 자연어를 적극적으로 활용하기 위해서는 프로그램언어가 더 중요한 세상이 되었습니다

같은 사물이라 해도 바라보는 위치에 따라 여러 형태로 보일 수 있습니다. 앞으로 우리가 살아가야 할 세상 역시 마찬가지라고 생각합니다. 지금 한창 자라나고 있는 여러분은 기성세대가 만든 전망대가 아니라 자기 스스로 만든 전망대를 통해 세상을 바라보아야 합니다. 그리고 그곳에서 발명왕 토마스 에디슨이나 테슬라의 CEO 일론 머스크가 그러했듯 기

존의 관념을 깰 수 있는 미래를 상상해 내길 바랍니다.

　메타버스 세상에서 여러분이 펼쳐 나갈 새로운 미래가 어떨지 궁금합니다. 그리고 제가 소개한 메타버스 세상이 인종이나 국적, 나이, 성별 등을 뛰어넘어 더 멀리 그리고 더 높이 도약할 여러분에게 새로운 날개가 되어 주길 바라는 마음입니다.

알아 두면 좋은
메타버스 세상의
용어들

1장.
현실 속 메타버스 어디까지 왔을까?

• 4차 산업 혁명

로봇이나 인공지능(AI)을 통해 실제와 가상이 통합되고 사물을 자동적으로 제어할 수 있는 시스템 구축이 기대되는 산업상의 변화를 4차 산업혁명이라고 일컫습니다. 2016년 1월 20일 스위스 다보스에서 열린 세계경제포럼에서 처음 언급되었습니다. 3차 산업 혁명의 연장선에 불과하다는 의견도 있지만, 전 세계의 산업 및 경제, 사회 구조가 '디지털 전환' 시대에 들어서고 있는 것만은 사실입니다.

• 메타버스

현실 세계와 같은 사회·경제·문화 활동이 이뤄지는 3차원 가상 세계를 일컫는 말로, 1992년 미국 SF 작가 닐 스티븐슨의 소설 《스노 크래시》에 처음 등장한 개념입니다. 메타버스는 5G 상용화에 따른 정보통신기술 발달과 코로나 팬데믹에 인한 비대면 추세 가속화로 더욱 주목받고 있습니다.

• 라이프 로깅Life logging

Life(삶)와 Logging(일지)의 합성어입니다. 인스타그램이나 페이스북, 트위터 등의 소셜 네트워크 서비스(SNS)를 활용해 일상 전체를 추적해 기록하고 공유하는 행동을 뜻합니다. 이외에도 내가 먹은 음식의 사진을 찍으면 자동으로 칼로리를 계산해주는 다이어트 카메라 AI나 스마트밴드를 통해 심박수를 실시간 측정하여 기록하는 것 등이 라이프 로깅에 해당합니다.

• 아바타Avatar

'내려오다, 통과하다'라는 의미의 산스크리트어 ava와 '아래, 땅'이란 뜻인 terr의 합성어입니다. 힌두어로 분신·화신을 뜻하는데, 인터넷의 가상 공간에서 자기 자신을 나타내는 그래픽 아이콘입니다. 온라인 게임, 채팅, 가상 현실 게임 등 그래픽 위주의 가상 사회에서 자신을 대표하는 가상 육체라고 할 수 있습니다.

• 밈Meme / 인터넷 밈

대개 모방 형태로 인터넷을 통해 전파되는 어떤 생각, 스타일, 행동 따위를 말합니다. 이에 대응하는 한국어 표현으로는 짤방, 짤이 있습니다. 다만 동영상이나 사회 현상 등을 통틀어 일컫는 밈과 달리, 한국 짤방은 단순히 재미있는 사진이나 GIF 파일만을 통칭하는 표현입니다.

• 플랫폼Platform

원래 플랫폼은 기차나 버스 등을 타고 내리는 '승강장'이라는 뜻입니다. 지금은 그 의미가 확대돼 어떤 장치나 시스템 등을 구성하는 기초 틀 또는 골격을 지칭하는 말로 쓰이고 있지요. 예를 들어, 유튜브는 여러 사람이 동영상을 올리기도 하고 다른 사람이 올린 동영상을 시청하기도 하는 하나의 공간, 공통된 틀을 제공하는 동영상 플랫폼 서비스이라고 할 수 있습니다.

• 트래픽 Traffic

원래 트래픽은 '교통'을 뜻하나, 컴퓨터 용어로는 전화나 인터넷 연결선으로 전송되는 데이터의 양을 말합니다. 트래픽 양이 많다는 것은 전송되는 데이터의 양이 많다는 것이지요. 트래픽은 웹페이지 접속자 통계를 내거나 접속 상황을 관리할 때 유용하게 쓰입니다.

• 가상 인간 / 버추얼 인플루언서

인공지능과 컴퓨터 그래픽을 합쳐 만든 가상 인간 중 사회적 영향력이 큰 인플루언서를 버추얼 인플루언서라고 합니다. 우리나라에서는 사이버 가수 '아담'이 시초이며, 최근 한 광고에서 등장한 모델이 가상 인간 '로지'라는 사실이 알려지며 화제가 되었습니다. 유튜브에선 '버튜버(버추얼 유튜버)'가 구독자 수 상위를 차지하고 있으며, 가상 인간으로만 구성된 아이돌도 등장했습니다.

• 유아이 UI / 유저 인터페이스 User Interface

컴퓨터나 모바일기계 등을 사용자가 좀 더 편리하게 사용할 수 있는 환경을 제공하는 설계 또는 그 결과물을 말합니다. 컴퓨터를 조작할 때 나타나는 이른바 '아이콘'이나 텍스트 형태 구동화면이 여기에 해당하며, 스마트폰의 경우 애플리케이션 아이콘 형태 및 화면 구성을 가리킬 때가 많습니다.

• 유엑스UX / 유저 익스피리언스User Experience

제품, 시스템, 서비스를 사용하면서 인간이 얻게 되는 경험을 말합니다. 긍정적인 사용자 경험의 창출은 산업 디자인, 소프트웨어 공학, 마케팅 및 경영학의 중요 과제이며, 사용자의 니즈 충족, 그 브랜드에 대한 충성도 향상, 시장에서의 성공을 가져다줄 수 있는 주요 요소 중 하나입니다.

2장.
메타버스가 열어 가는 또 다른 세상

• 거울 세계 / 미러 월드Mirror World

현실 세계의 모습, 정보, 구조 등을 거울 비추듯이 복사해 가져다 놓은 것을 말합니다. 구글 어스가 대표적인데, 구글 어스에서는 위성을 통해 시시각 변하는 지구의 모습을 볼 수 있습니다. 그뿐 아니라 배달의민족, 에어비앤비도 평행세계에 접목된 거울 세계라고 할 수 있습니다.

• 증강 현실Augmented Reality / AR

실제 사물 위에 컴퓨터 그래픽을 통해 정보와 콘텐츠를 표시하는 것으로, 핸드폰이나 태블릿을 통해 데이터 값을 입력하면 가상의 이미지가 마치 살아 있는 듯 움직입니다. 대표적인 예가 '포켓몬 고'인데, 스마트폰을 통해 보면 곳곳에 숨어 있던 포켓몬이 보입니다.

• QR코드Quick Response Code

QR은 Quick Response(빠른 응답)의 줄임말로, '빠른 응답을 얻을 수 있는 부호'라는 뜻입니다. 일본의 덴소 웨이브라는 회사가 개발했는데, 특허권을 행사하지 않아서 누구나 자유롭게 이용할 수 있습니다. 바코드보다 훨씬 많은 정보를 담고 있을 뿐 아니라 스마트폰을 이용하면 웹사이트나 동영상 같은 2차 콘텐츠로 연결됩니다. 현재 QR코드는 인공지능, 증강 현실 등 다른 IT 기술과 만남을 통해 더욱 진화하고 있습니다.

• 자이로스코프 센서 Gyroscope sensor

3차원 운동을 감지하는 센서로 기존의 가속도와 가로, 세로 방향만을 감지하던 데에서 더 나아가 입체적으로 발생하는 사람의 움직임을 감지할 수 있는 특징을 지니고 있습니다. 스마트폰, 리모컨, 비행기나 위성의 자세제어 장치 등 광범위하게 사용되고 있습니다.

• 모션 캡처 Motion capture

3차원 공간에서 사람이나 동물의 실제의 움직임을 자이로스코프 센서를 이용하여 디지털로 옮기는 기술을 말합니다. 이 기술은 애니메이션, 영상, 게임뿐 아니라 환자의 보행 교정이나 스포츠 선수의 자세 교정, 로봇공학까지 많은 분야에서 활용되고 있습니다.

• 가상 현실 Virtual Reality / VR

가상 현실이란 컴퓨터로 만들어 놓은 가상의 세계에 청각, 후각, 미각, 촉각 등 인간이 오감으로 느끼는 감각과의 상호 작용을 통해 실제와 같은 체험을 할 수 있도록 만든 것을 말합니다. 머리에 장착하는 디스플레이 디바이스인 HMD(Head Mounted Device)를 활용해 체험할 수 있습니다.

• 디지털 트윈Digital Twin

디지털 트윈은 가상 공간에 현실 속 사물의 쌍둥이를 만들고, 현실에서 발생할 수 있는 상황을 미리 시뮬레이션함으로써 결과를 미리 예측하는 기술입니다. 기상 관측에도 효과적이며, 기업 생산성을 높이거나 산업 전반의 효율성을 향상시키는 데 활용됩니다.

• 홀로그램Hologram

실제로 존재하지 않지만 마치 대상이 눈앞에 있는 듯 생생한 이미지를 보여 주는 기술입니다. 홀로그램으로 만든 가상의 아바타와 얼굴을 맞대고 대화하는 장면은 영화에도 자주 등장하는데, 이는 AR/VR을 합성한 것입니다.

• 프로팅 홀로그램Floating Hologram

홀로그래피에 의해 생성된 3차원 사진이 투명막에 투영되어서 마치 허공에 떠 있는 것과 같이 보이는 홀로그램을 플로팅 홀로그램이라고 합니다. 입체 정보를 기록하고 다시 재구성하는 홀로그램과는 달리, 평면 영상만으로 입체 효과를 낸다는 점에서 '유사 홀로그램'의 일종으로 볼 수 있습니다. 최근 공연, 광고 등에 활용되고 있습니다.

• 확장 현실eXtended Reality / XR

간단히 설명하면 가상 현실(VR)과 증강 현실(AR)을 합한 것입니다.

VR의 몰입감과 AR의 현실 연관성을 합친 것이지요. 영화 〈아이언맨〉에서 주인공이 허공에 뜬 스케치를 손짓으로 다루며 설계하는 장면 같은 것이 확장 현실의 예입니다. 주로 가상 현실, 증강 현실, 혼합 현실을 묶어 부를 때 사용합니다.

• 혼합 현실Mixed Reality / MR

혼합 현실은 사용자의 현실 세계와 디지털 콘텐츠를 혼합하여, 가상으로 구현된 현실에서 상호작용이 가능하게 한 기술입니다. 예를 들면 손바닥에 놓인 가상의 반려동물과 교감한다거나, 현실의 방 안에 가상의 게임 환경을 구축해 게임을 할 수 있습니다. MR 기술을 활용하면 원격에 있는 사람들이 함께 모여 작업하는 듯한 환경을 구축할 수 있습니다.

3장.
메타버스가 만드는 가상 경제와 새로운 기회

• 가상 경제

가상 경제란 일반적으로 온라인 게임에서의 가상 상품을 거래하는, 즉 가상 세계에 존재하는 경제 체제를 말합니다. 가상 화폐를 매개로 현실 경제와 연결되는 것이 특징이며, 가상 공간에서 창출한 가상 재화는 가상 화폐로 판매 후 현금으로 교환할 수 있습니다.

• 디지털 화폐

디지털 방식으로 사용하는 형태의 화폐로, 금전적 가치를 전자적 형태로 저장해 거래할 수 있는 통화를 가리킵니다. IC칩 카드나 네트워크 형태로 발행된 전자 화폐, 암호 화폐, CBDC 등이 여기에 해당합니다.

• 블록체인

블록에 데이터를 담아 체인 형태로 연결하고, 수많은 컴퓨터에 동시에 이를 복제해 저장하는 분산형 데이터 저장 기술입니다. 중앙 집중형 서버에 거래 기록을 보관하지 않고 거래에 참여하는 모든 사용자에게 거래 내역을 보내주며, 거래 때마다 모든 거래 참여자들이 정보를 공유하므로 데이터 위조나 변조가 불가능합니다.

• P2P Peer to Peer

'개인 대 개인'이란 뜻으로, 중앙 서버나 클라이언트 없이 개인 컴퓨터 사이를 연결하는 통신망을 말합니다. 블록체인은 이 P2P 방식을 기반으로 한 것입니다.

• 노드 Node

네트워크에서 연결 포인트 혹은 데이터 전송의 종점 혹은 재분배점을 가리킵니다. 일반적으로 네트워크에서 노드란 연결 지점을 말하며, 다른 노드로의 데이터 전송을 인식하고 처리(process)하거나 전달(forward)할 수 있도록 프로그램 되어 있습니다.

• 암호 화폐

블록체인을 기반으로 분산 환경에서 암호화 기술(cryptography)을 사용하여 만든 디지털 화폐를 말합니다. 거래를 위해 은행과 같은 제3의 신뢰기관을 통한 신분 인증 절차를 거치지 않으며, 거래 당사자의 개인 정보도 이용하지 않으므로 익명성을 보장받습니다. 대표적인 암호 화폐로 비트코인이 있습니다.

• 비트코인

디지털 정보량 기본 단위인 비트(bit)와 동전을 의미하는 코인(coin)이 합쳐져 탄생한 '비트코인'은 대표적인 암호 화폐입니다.

특정 개인이나 회사가 발행하는 것이 아니라 개인 간 거래(P2P)에 사용되는 방식이기 때문에 비트코인을 만들고, 거래하고, 현금으로 바꾸는 사람 모두가 비트코인 발행주가 되는 형태를 띠고 있습니다. 인터넷만 할 수 있으면 누구든 계좌를 개설할 수 있는데 이 계좌를 '지갑'이라고 부릅니다. 지갑마다 숫자, 알파벳을 조합한 고유의 번호가 주어지는데, 거래가 이뤄질 때마다 공개된 장부에 기록이 추가되는 것이지요. 비트코인을 만드는 과정, 벌어들이는 과정을 '마이닝(mining, 채굴)'이라고 합니다. 비트코인을 실제 돈처럼 여기는 사람들과 상점들이 늘고 있어서 실제 화폐와 교환할 수도 있습니다.

• CBDC / 중앙은행 디지털 화폐

중앙은행을 뜻하는 'Central Bank'와 디지털 화폐(Digital Currency)를 합친 용어로, 비트코인 등 민간 가상화폐와 달리 각국 중앙은행이 발행한 디지털 화폐를 뜻합니다.

• NFT Non-Fungible Token

대체 불가능한 토큰이란 뜻으로, 디지털 공간에서만 생산되고 유통되는 자산(게임, 예술품, 부동산 등)이 불법 복제되지 않도록 블록체인을 이용해 디지털 자산에 소유권을 부여하는 걸 말합니다. 기존의 가상 자산과 달리 디지털 자산에 별도의 고유한 인식 값을 부여하고 있어 상호교환이 불가능하다는 특징이 있습니다.

• 이더리움Ethereum / ETH

2세대 비트코인이라고 불리며, 비탈리크 부테린이 2014년 개발했습니다. 비트코인이 거래 수단을 목적으로 만들어졌다면, 이더리움은 스마트 컨트랙트를 목적으로 만들어진 플랫폼입니다. 스마트 컨트랙트란 모든 거래 내용을 블록체인 네트워크에 올리는 것을 말합니다.

• 빅브라더

1949년 조지 오웰의 소설《1984》에 등장하는 '감시자'를 지칭하는 용어가 일반화된 것으로, 일반 정보를 독점함으로써 사회를 감시·통제하는 관리권력 또는 사회체계를 일컫는 말입니다.

• 감시 사회

감시 사회는 어떤 사회에 속한 개인이나 집단에 대한 정보를 광범위하게 수집 및 저장하고 분석하여 활용하는 사회를 의미합니다. 정보의 독점은 권력의 독점으로 이어지므로, 개인이나 집단에 대한 정보가 인간의 기본권이나 사회 정의를 해치지 않는 범위 내에서 공정하고 적절하게 사용되도록 사회적인 합의를 정립하는 것이 필요합니다.

• 코딩Coding

인간이 만든 특정한 알고리즘 등을 컴퓨터가 이해할 수 있도록 이른

바 '컴퓨터 언어화'해 컴퓨터에 입력하는 작업을 부르는 말입니다. 컴퓨터 프로그램을 만들 때 주로 사용하므로 넓게는 '프로그래밍' 개념에 포함하기도 합니다. 컴퓨터가 특정 상황 등에서 어떻게 판단할지, 어떤 운영을 해 나갈지 입력하는 과정으로 프로그래밍 기본 단계라고 이해하면 됩니다.

• 프로그래밍 언어

컴퓨터는 사람의 말을 그대로 알아듣지 못하기 때문에 컴퓨터가 알아들을 수 있는 언어, 즉 프로그래밍 언어로 바꿔 주어야 합니다. 즉 프로그래밍 언어를 사용해야 한다는 뜻이지요. 프로그래밍 언어란 사람이 사용하기에 쉬운 문자로 명령을 입력하면 그 명령을 기계어로 바꾸어 컴퓨터가 인식할 수 있도록 하는 도구를 말합니다.

**메타버스 세상의
주인공들에게**

1판 1쇄 인쇄 2022년 1월 5일
1판 1쇄 발행 2022년 1월 15일

지은이 이상근
펴낸이 김성구

주간 이동은
콘텐츠본부 고혁 송은하 김초록 김지용
디자인 이영민
마케팅본부 송영우 어찬 윤다영
관리 박현주

펴낸곳 ㈜샘터사
등록 2001년 10월 15일 제1-2923호
주소 서울시 종로구 창경궁로35길 26 2층 (03076)
전화 02-763-8965(콘텐츠본부) 02-763-8966(마케팅본부)
팩스 02-3672-1873 이메일 book@isamtoh.com 홈페이지 www.isamtoh.com

ISBN 978-89-464-2203-2 04080
ISBN 978-89-464-1885-1 04080(세트)

값은 뒤표지에 있습니다.
잘못 만들어진 책은 구입처에서 교환해 드립니다.